Wolfgang Wippermann

Autobahn zum Mutterkreuz

Zu diesem Buch

In jüngster Zeit wird wieder die Frage aufgeworfen, ob im Dritten Reich wirklich alles schlecht gewesen sei. Gab es nicht auch »gute Seiten«? Leitbilder wie »Gemeinschaft«, »Mutterschaft«, »Kinder«, Erfolge wie »Vollbeschäftigung« und »die Autobahn«? Und haben die 68er uns verboten, frei und offen über all das zu reden?

Diese und andere Themen bestimmten die Debatte, die sich an den Thesen der Autorin und Fernsehmoderatorin Eva Herman entzündete. Geführt wurde die Auseinandersetzung in Fernsehsendungen, Zeitungen, Blogs und Internetforen sowie in vielen Briefen und Mails von Angehörigen der sonst schweigenden Mehrheit. Diese äußerten sich positiv über Hermans »Werte« und »Hitlers Autobahn«, aber negativ über die 68er und »die Juden«. Der »Historikerstreit der schweigenden Mehrheit«, hier erstmals dokumentiert und kritisch analysiert, macht eines deutlich: Zur offensichtlich unzureichend aufgearbeiteten Vergangenheit kommt eine noch zu bewältigende Gegenwart mit alten und neuen Feindbildern und »Werten«.

Zum Autor

Wolfgang Wippermann, geboren 1945 in Bremerhaven, ist Professor für Neuere Geschichte an der Freien Universität Berlin. Zahlreiche Veröffentlichungen u. a. über Antisemitismus, Faschismus und Nationalsozialismus. Der streitbare wie gefragte Historiker schreibt nicht nur über Geschichte, er beteiligt sich auch an ihrer kontroversen Darstellung und Bewertung. Einem breiten Publikum bekannt geworden ist Wolfgang Wippermann durch Wortmeldungen in populären Zeitungen und Fernsehsendungen.

Wolfgang Wippermann

Autobahn zum Mutterkreuz

Historikerstreit der schweigenden Mehrheit

Rotbuch Verlag

ISBN 978-3-86789-032-8

Originalausgabe, 1. Auflage
© 2008 by Rotbuch Verlag, Berlin
Umschlaggestaltung: www.buchgestalter.net
Druck und Bindung: CPI Moravia Books GmbH

Dieses Werk wurde vermittelt durch
Aenne Glienke | Agentur für Autoren und Verlage
www.AenneGlienkeAgentur.de

Ein Verlagsverzeichnis schicken wir Ihnen gern:
Rotbuch Verlag GmbH
Neue Grünstraße 18, 10179 Berlin
Tel. 01805/30 99 99
(0,14 Euro/Min. aus dem deutschen Festnetz,
abweichende Preise für Mobilfunkteilnehmer)

www.rotbuch.de

Inhalt

»Judenknecht« und »Volksschädling«

Sie sind ein Mann ohne »Anstand« und »Wertgefühl«, ein »Vergangenheitsbewältiger« und »Volkspädagoge« mit einem »68er-Syndrom«, eine »linke Ratte« und »Stalins Mann in Berlin«, ein »Judenknecht« und »Volksschädling«.[1]

Diese und weitaus böswilligere und gefährlichere Beschimpfungen, ja ernst zu nehmende Bedrohungen, fand ich seit dem 9. Oktober 2007 in meiner Post und Mailbox zu Hause und an der Uni. Letzteres in einem Ausmaß, dass die Verwaltung der Freien Universität Berlin meine E-Mail-Adresse sperrte und mir Rechtsschutz anbot. Warum das alles? Hatte ich etwas Verwerfliches getan oder gesagt?

Eigentlich nicht. Ich hatte lediglich an eben diesem 9. Oktober 2007 in der Talkshow von Johannes B. Kerner[2] die Fernsehmoderatorin und Buchautorin Eva Herman darauf hingewiesen, dass es sogenannte Werte wie »Kinder«, »Mutterdasein« und »Familie« im Dritten Reich nicht bzw. nur in einem rassistischen Kontext gegeben habe – man könne keineswegs behaupten, im Dritten Reich sei auch etwas »gut« gewesen. Eva Hermans Hinweis auf »Hitlers Autobahn« in diesem NS-Kontext war empörend, welche Auffassung die übrigen Diskutanten bei Kerner teilten. Noch ungeheuerlicher war ihre abschließende Behauptung, »dass man über den Verlauf unserer Geschichte nicht reden kann, ohne in Gefahr zu geraten«.

In der Öffentlichkeit fand das, was mich und ebenso einige andere sowohl abstieß wie erregte, große Zustimmung. Nicht von allen, aber doch von vielen wurde Eva Herman verteidigt und gelobt, ihre Kritiker hingegen scharf getadelt und angegriffen, vor allem von den Zuschauern der Fernsehsendung(en)

7

und von den Lesern unterschiedlicher Zeitungen. In Hunderten von Briefen und Mails an die Beteiligten der Diskussion sowie in Tausenden von Zuschriften an die Fernseh- und Zeitungsredaktionen, die eigene Foren zum Thema einrichteten, brachten sie ihre Meinung zu Eva Hermans NS-Vergleichen im Besonderen sowie zur NS-Zeit im Allgemeinen und zum heutigen Umgang mit dieser zum Ausdruck. Diese Diskussion, an der sich wiederum Tausende von Menschen jeglichen Alters und aus allen sozialen Schichten beteiligten, wurde dann in Blogs[3] und Internetforen fortgesetzt. Nach den öffentlich Redenden meldete sich hier die sonst schweigende Mehrheit zu Wort.[4] Einige Kommentatoren fühlten sich an das »gesunde Volksempfinden«[5] der NS-Zeit erinnert und zogen Parallelen zu dem vor zwanzig Jahren von Ernst Nolte ausgelösten »Historikerstreit«.[6]

Am aktuellen Historikerstreit beteiligten sich aber keineswegs nur einige Historiker, Journalisten und sonstige Meinungsmacher, sondern Massen, die vermeintlich die »Mehrheit des Volkes« vertraten;[7] sie taten dies in einem neuen und bisher nicht gekannten Ausmaß. Daher kann von einem »Historikerstreit der schweigenden Mehrheit« gesprochen werden. In ihm ging es aber nicht um die Verbrechen Hitlers, die im Laufe des »Historikerstreits« vor zwanzig Jahren mit denen Stalins verglichen und aufgerechnet wurden, sondern um die Verdienste Adolf Hitlers, die er sich trotz allem erworben habe – unter anderem durch den Bau der Autobahn und die Förderung der Familie. Darüber sowie über die sonstigen »Werte«, die anders als heute im Dritten Reich bewahrt worden seien, müsse man jedoch schweigen, weil die Presse »gleichgeschaltet« und die Öffentlichkeit von den »68ern«[8] und »den Juden«[9] kontrolliert werde. Dies mündete in der Vermutung, dass sich der von 68ern und Juden kontrollierte Mainstream gegen diese Mehrheit verschworen habe.[10] Gegen diese konspirativen Machenschaften solle sich das Volk auflehnen und Widerstand leisten.

Es ging also wieder einmal um Politik mit der Geschichte der NS-Zeit, kurz: um Geschichtspolitik.[11] Dabei tauchten ne-

8

ben einigen neuen auch sehr alte und überwunden geglaubte Fehl- und Vorurteile wieder auf.[12] Und somit haben wir, wenn diese Einschätzung zutrifft, nicht nur ein, sondern gleich zwei Probleme: Zur nicht bewältigten Vergangenheit tritt eine nicht aufgearbeitete Gegenwart mit alten und neuen Feindbildern und »Werten« hinzu.

Dies ist Anlass genug, eine geschichtspolitische Bestandsaufnahme vorzunehmen und diesen »Historikerstreit der schweigenden Mehrheit« genauer zu analysieren, was auf einer sehr umfangreichen Quellenbasis geschieht. Neben den vielen in den Printmedien und im Internet veröffentlichten »Traditionsquellen« wurden auch solche herangezogen, die von den Historikern als »Überrestquellen« bezeichnet werden.[13] Dabei handelte es sich zunächst um weit über einhundert Briefe und Mails, die an mich persönlich gerichtet waren. Herangezogen wurde ferner eine sehr umfangreiche Sammlung von insgesamt fast zweitausend Leserbriefen an die *Bild*-Zeitung, die mir dankenswerterweise von der Redaktion zur Verfügung gestellt wurde.[14] Schließlich sind noch die Diskussionsbeiträge in den Blogs zu erwähnen, die eine ebenso neue wie eigenartige Quellengattung darstellen, die gewissermaßen zwischen den »Traditions-« und den »Überrestquellen« einzuordnen sind, weil sie sich in einer Art Halböffentlichkeit bewegen.

Die Interpretation dieser unterschiedlichen Quellen erfolgt auf unterschiedlichem Wege. Neben den gängigen quellenkritischen werden zum einen ideologiekritische[15] und zum anderen diskursanalytische Methoden[16] angewendet. Einfacher und genauer ausgedrückt heißt dies, dass nicht nur danach gefragt wird, wer, was, wie und zu wem gesagt hat, sondern auch warum und mit welcher politischen Intention. Letzteres hängt wieder sehr vom Sub- und Kontext des Gesagten ab.

Verdeutlichen lässt sich das gut am Beispiel der Autobahn. Über sie kann man natürlich ganz gewöhnlich und zweckfrei reden, etwa im Zusammenhang mit der Frage, ob auf ihr eine Geschwindigkeitsbegrenzung eingeführt werden sollte oder nicht. Taucht in diesem Zusammenhang jedoch direkt oder indirekt das Wort Nationalsozialismus oder der Name Hitler auf, erhält »Autobahn« einen ganz anderen Kontext. Wenn »Hitler«, der »Nationalsozialismus« und die »Autobahn« mit der Konjunktion »aber« eingeleitet werden oder in einem gleichermaßen relativierenden Subtext erscheinen, wird damit gewollt oder ungewollt etwas ganz anderes und keineswegs Wertfreies zum Ausdruck gebracht. Der nachstehende Ausspruch ist beispielhaft: Der Nationalsozialismus war »eine grausame Zeit, aber … die Autobahn«. Genauso hat sich Eva Herman am 6. September auf einer Pressekonferenz und am 9. Oktober 2007 in der *Kerner*-Talkshow ausgedrückt, womit sie eine Kontroverse bzw. den »Historikerstreit der schweigenden Mehrheit« auslöste.

Zunächst werden Vorgeschichte und Hintergründe, dann Beginn und Verlauf der Debatte skizziert, deren Inhalte und Streitpunkte im dritten und letzten Kapitel ausgewertet werden. Die abschließende und entscheidende Frage in der Zusammenfassung lautet: Was haben wir falsch gemacht? Denn wenn es heute mehr um konservative und faschistische »Werte« statt um ihre Kritik, mehr um »Autobahn« und »Mutterkreuz« statt um Auschwitz und andere Verbrechen, mehr um jüdische Täter statt um jüdische Opfer und mehr um Verschwörungen der Gegenwart statt um Bewältigung der Vergangenheit geht – dann müssen wir etwas falsch gemacht haben. Der »Historikerstreit der schweigenden Mehrheit« hat uns das mit bedrückender Klarheit gezeigt, und zwar uns allen – keineswegs nur »Judenknechten« und »Volksschädlingen«.

1   Alles aus Mails und Zuschriften an mich. Eine Auswahl findet sich im Anhang.
2   Die Talkshow ist vollständig oder in Teilen sowohl in Bild und Ton als auch als Niederschrift vielfach dokumentiert worden. Bei *YouTube* soll es der meistgesehene und -diskutierte Mitschnitt gewesen sein.

3 Blogs (eigentlich *Weblogs*) sind Netz-(*world wide web*)Tagebücher (*logs*), die von Privatpersonen eingerichtet und von anderen genutzt werden können, die hier ihre Meinung zu allen möglichen Themen kundtun. Es handelt sich um ein sehr junges, erst in den 1990er-Jahren entstandenes Medium, das in Deutschland zu den Telemedien gerechnet und dementsprechend auch kontrolliert wird oder werden sollte. Tatsächlich scheint es zu ›dem‹ Sprachrohr der schweigenden Mehrheit geworden zu sein.

4 Der Begriff »schweigende Mehrheit« ist vom damaligen US-Präsidenten Richard Nixon in die politische Sprache eingeführt worden. Nixon wollte mit dem Hinweis auf die ihm angeblich zustimmende *silent majority* von der Kritik ablenken, die in den Medien an ihm geübt wurde. Obwohl es sich dabei um keinen exakten und quantitativ bestimmbaren Begriff handelt, wird schweigende Mehrheit auch von der politikwissenschaftlichen Forschung verwendet.

5 Stefan Frank: »Kein Wort zuviel«. In: *konkret*, Nr. 10/2007; Hermann L. Gremliza: »Von Adolf und Eva«. In: *konkret*, Nr. 11/2007.

6 Rudolf Augstein u. a.: »*Historikerstreit*«. *Die Dokumentation der Kontroverse um die Einzigartigkeit der nationalsozialistischen Judenvernichtung.* München, Zürich 1987; Hans-Ulrich Wehler: *Entsorgung der deutschen Vergangenheit? Ein polemischer Essay zum »Historikerstreit«.* München 1988; Richard Evans: *Im Schatten Hitlers? Historikerstreit und Vergangenheitsbewältigung in der Bundesrepublik.* Frankfurt am Main 1991; Wolfgang Wippermann: *Wessen Schuld? Vom Historikerstreit zur Goldhagen-Kontroverse.* Berlin 1997.

7 Obwohl quantitativ nicht nachweisbar, ist dieser Anspruch ernst zu nehmen. Die schweigende Mehrheit verstand und artikulierte sich als solche.

8 Auf die 68er wurde in diesem Zusammenhang vor allem in der Öffentlichkeit hingewiesen, was angesichts der gegenwärtigen kontroversen Diskussion über ihren Einfluss und ihr Erbe nicht verwunderlich ist. Vgl.: Wolfgang Kraushaar: *1968 als Mythos, Chiffre und Zäsur.* Hamburg 2000; Axel Schildt u. a. (Hrsg.): *Dynamische Zeiten. Die 60er Jahre in den beiden deutschen Gesellschaften.* Hamburg 2003. Eine scharfe Abrechnung mit den 68ern enthält das soeben erschienene Buch des *Bild*-Chefredakteurs Kai Diekmann: *Der große Selbst-*

Betrug. Wie wir um unsere Zukunft gebracht werden. München, Zürich 2007.

9 Juden tauchten dagegen mehr in halböffentlichen Blogs und Internetforen sowie vor allem in Zuschriften auf. Zum gegenwärtigen Antisemitismus vgl. die sich zum Teil widersprechenden Studien von: Lars Rensmann: *Demokratie und Judenbild. Antisemitismus in der politischen Kultur der Bundesrepublik Deutschland.* Wiesbaden 2004; Klaus Holz: *Die Gegenwart des Antisemitismus. Islamistische, demokratische und antizionistische Judenfeindschaft.* Hamburg 2005.

10 Von »Verschwörern« und »Verschwörungen« war häufig in der Öffentlichkeit und weitaus mehr noch in Blogs und Briefen die Rede. Zu den heute ebenfalls meist antisemitisch geprägten Verschwörungsideologien: Wolfgang Wippermann: *Agenten des Bösen. Verschwörungstheorien von Luther bis heute.* Berlin 2007.

11 Die wichtigsten Werke zur Geschichts- oder »Vergangenheitspolitik« sind im Literaturverzeichnis aufgeführt.

12 Dazu vor allem Wolfgang Benz (Hrsg.): *Legenden, Lügen, Vorurteile. Ein Lexikon zur Zeitgeschichte.* München 1990.

13 Diese Bezeichnungen wurden von Historikern des 19. Jahrhunderts wie Bernheim und Droysen erfunden und bei der von ihnen entwickelten Quellenkritik angewandt. Vgl. dazu unter anderem den mehrfach aufgelegten Titel von Ahasver von Brandt: *Werkzeug des Historikers. Eine Einführung in die historischen Hilfswissenschaften.* Stuttgart 1958.

14 Auf Wunsch der Redaktion der *Bild*-Zeitung, mit deren Genehmigung der Abdruck hier erfolgt, sind sie aber völlig anonymisiert worden. Eine Auswahl dieser wirklich einmaligen und sehr aussagekräftigen Quellen befindet sich ebenfalls im Anhang.

15 Wie schon in anderen Veröffentlichungen verwende ich die ideologiekritische Methode von Kurt Lenk: *Volk und Staat. Strukturwandel politischer Ideologien im 19. und 20. Jahrhundert.* Stuttgart, Berlin u. a. 1971.

16 Die beste Einführung liefert immer noch: Siegfried Jäger: *Kritische Diskursanalyse. Eine Einführung.* Münster ^{4}2004.

1. Vorgeschichte und Hintergründe

Am Anfang war *Cicero*

Am Anfang war *Cicero*. Nicht der römische Politiker, der immerzu Karthago zerstören wollte, sondern das gleichnamige »Magazin für politische Kultur«, das den Konservativismus aufbauen möchte, der durch sein Bündnis mit dem Faschismus wenn nicht schon zerstört, so doch eindeutig diskreditiert worden ist.[1] Zur Rehabilitierung des Konservativismus initiiert *Cicero* (wie schon vorher *Criticón*) in regelmäßigen Abständen Debatten und Diskurse über die angeblich von den 68ern zerstörten konservativen Werte und feiert den neuen »konservativen Zeitgeist«.[2]

Ein solches Vorgehen liegt im konservativen Trend der Zeit. Fast immer mit an vorderster Front ist der Berliner Historiker Arnulf Baring, der durch konservative Reden und Schriften sein »68er-Syndrom« zu überwinden sucht.[3] Seit jeher mit von der Partie war auch die inzwischen ziemlich alte und zum Katholizismus konvertierte Pädagogin Christa Meves, die in zahlreichen Büchern[4] (es sollen mehr als 100 sein) gesellschaftliche Probleme biologistisch zu erklären sucht und für bestimmte Krankheiten und andere biologische Erscheinungen gesellschaftliche Kräfte verantwortlich macht. An erster Stelle stehen hier die »68er« und die von ihnen errichtete »Mediendiktatur«. Zu dieser konservativen Offensive haben sich neu hinzugesellt der Verfassungsrichter und Publizist Udo di Fabio[5], der *Bild*-Chefredakteur Kai Diekmann mit seiner 68er-Schelte[6] sowie der *Spiegel*-Redakteur Matthias Matussek, der durch eine ziemlich platte »Polemik gegen die Abschaffung der Familie« zweifelhaften Ruhm in konservativen Kreisen erlangt hat.[7]

Matusseks »vaterlose Gesellschaft« stand ganz offensichtlich Pate für einen Artikel, der im Mai 2006 in *Cicero* über bzw. gegen die Emanzipation der Frauen erschien.[8] Sie, die Emanzipation, wurde schlicht als »Irrtum« bezeichnet, weil, so die in diesem Zusammenhang geradezu irrwitzige Begründung, »Deutschland (…) kaum noch Kinder« bekomme. Und Schuld daran seien nicht etwa die Männer, die damit ja auch etwas zu tun haben, oder der Staat, die Globalisierung, die Klimaerwärmung oder sonst etwas, sondern die Feministinnen generell und der von ihnen und den 68ern geschaffene Feminismus.

Letzteres ist zwar doppelt falsch, weil es Feminismus dem Begriff nach seit über hundert und der Sache nach seit über zweihundert Jahren gibt, weshalb er gar nicht von den 68ern erschaffen worden sein kann, ist aber aus konservativer Sicht auch ein doppelt gut gewähltes Objekt. Zum einen, weil sich die 68er dieser ihrer angeblichen Errungenschaft kaum noch rühmen und sich meist der Selbstanklage widmen. Zum anderen, weil es den Feminismus heute kaum noch gibt und er nur noch von wenigen verteidigt wird. Stattdessen reißt man(n) bei uns meist Witze über ihn, die in anderen Ländern, vor allem in den USA, undenkbar sind.

Verfasser des antifeministischen Artikels über den »Irrtum Emanzipation« war aber kein Mann, sondern es waren zwei Frauen. Die eine wurde im *Cicero*-Artikel zwar nicht genannt, hatte ihn aber lanciert und vermutlich auch geschrieben – die Leiterin des Feuilletons, das bei *Cicero* »Salon« genannt wird, Christine Eichel. Die 1959 geborene Eichel stammt aus Melle in Niedersachsen und studierte in Hamburg Philosophie, Literatur- und Musikwissenschaft. Nach ihrer Promotion über, wie sie nicht müde wird zu betonen, Adorno wurde sie Journalistin und arbeitete unter anderem als Moderatorin beim NDR[9]. Außerdem war sie für einige Zeit Gastprofessorin an der Universität der Künste in Berlin. Seit 2004 ist sie bei *Cicero*.

Einem größeren Publikum bekannt wurde Christine Eichel aber nicht als Adorno-Expertin, sondern als Autorin von Romanen, in denen sie sich laut *Wikipedia* »mit aktuellen gesellschaftspolitischen Phänomenen« auseinandergesetzt hat, darunter offensichtlich auch mit der Klimaerwärmung. Darauf lässt jedenfalls eine Stelle in ihrem Roman *Im Netz* schließen, an der zu lesen ist: »Ich wurde ganz zugedeckt mit seinen Worten, darunter wurde es warm, ich schmiegte mich an den Daunenflaum und dachte, wenn das Liebe ist, dann werde ich nie wieder frieren.«[10] Das dürfte sie nicht von Adorno gelernt, sondern aus einem der sich ungebrochener Beliebtheit erfreuenden Lore-Romane übernommen haben. Von Lore oder dem Altmeister aller Antifeministen, Otto Weininger, abgeschrieben scheint folgende Stelle in dem als erotisch angepriesenen *Netz*-Roman zu sein: »›Lerne zu warten‹, befiehlt Rex, und Martha folgt wie ein dressiertes Hündchen, in ständiger Erwartung, er möge sie von schmerzhaftem Sehnen erlösen.«[11]

Im Hinblick auf antifeministische Tendenz und schlechten Stil erinnert das sehr an den *Cicero*-Artikel, weshalb wohl Christine Eichel als dessen Hauptverfasserin anzusehen ist. Doch nicht sie, sondern ihre Co-Autorin wurde durch diesen Artikel in der politischen Öffentlichkeit bekannt.[12] Gemeint ist Eva Herman.

»Eva Braun«

Eva Herman wurde 1958 als Eva Feldker in Emden geboren.[13] Ihre Eltern waren Hoteliers. Diesen Beruf hat auch Eva Herman nach der mittleren Reife und Absolvierung einer Ausbildung zur Hotelfachfrau ergriffen. 1983 wurde sie jedoch Journalistin, zunächst beim Bayerischen Rundfunk, dann beim NDR. Hier war sie von 1989 bis 2006 Sprecherin der *Tagesschau*. Daneben leitete sie gemeinsam mit Bettina Tietjen die Talkshow *Herman & Tietjen*, alles in allem eine steile Karriere.

Durch ihre nahezu tägliche Fernsehpräsenz wurde sie einer großen Zuschauerschaft bekannt, die ebenfalls großes Interesse an Eva Hermans Privatleben zeigte. Wie andere Personen aus dem Showgeschäft ließ sich Eva Herman dies auch gefallen und plauderte bereitwillig über ihre verschiedenen Ehen und sonstigen Bekanntschaften. Auch das hießen ihre Kollegen gut und verbreiteten Hermans Ehe- und Liebesgeschichten in der Boulevardpresse. Eva Herman vermarktete anschließend ihr Privatleben selbst und schrieb Bücher, mit Titeln wie *Dann kamst du* und *Aber Liebe ist es nicht*.[14] Aus ihren persönlichen Erfahrungen als etwas späte Mutter eines Sohnes hat sie ferner zwei Sachbücher über das »Glück des Stillens« und vom Durchschlafen des eigenen Kindes veröffentlicht.[15] Sowohl die Romane als auch die Sachbücher kamen beim kaufenden Publikum vortrefflich an, unterstützt durch den landläufigen Bekanntheitsgrad Eva Hermans. Einen öffentlichen politischen Diskurs lösten sie aber nicht aus.

Das hingegen gelang ihr mit dem *Cicero*-Artikel auf Anhieb. Verantwortlich dafür war keineswegs seine sprachliche Eleganz – der Stil ist unter Niveau und teilweise unfreiwillig komisch und liest sich wie folgt: »Die Frau von heute ist im Stechschritt unterwegs, um die heterogenen Lebensinhalte unter einen Hut zu bringen.«[16] Ebenso unfreiwilliges Schmunzeln löst die entsetzlich banale Argumentation aus: »Unsere Kinder schenken uns das Leben.« Oder: »Wenn Frauen sich zunehmend zu maskulinen Wesen entwickeln, werden wir keine Nachkommen mehr haben.«[17]

Nicht mehr nur lächerlich, sondern problematisch wird es immer dann, wenn Herman sich ohne Wenn und Aber zum konservativ-christlichen Familienideal bekennt und sich dabei auf die »Schöpfung« beruft: »Es ist die Frau, die in der Wahrnehmung ihres Schöpfungsauftrages die Familie zusammenhalten kann.« Und: »Der Mann steht in der Schöpfung als der aktive, kraftvolle, starke und beschützende Part, die Frau dagegen als der empfindsamere, mitfühlende, reinere und mütterliche Teil.« So geriert sich purer Fundamentalismus.[18]

Noch nicht Faschismus, aber in eine bedenkliche Nähe zu ihm gerät die Argumentation im »biologischen Kontext«. So, wenn von der »Entweiblichung der Frau« und der »Entmännlichung der Herrenwelt« gesprochen und davor gewarnt wird, dass »die Natur sich gegen uns wendet«, wenn »wir gegen die

Natur arbeiten«. Völlig sozialdarwinistisch ist die folgende Dekadenzthese: »So zieht eine hochzivilisierte Kultur wie die unsere sich selbst den Boden unter den Füßen weg, die Basis, die uns Halt im täglichen Überlebenskampf geben kann: die intakte Familie.«

Damit keine Missverständnisse entstehen: Die Warnung vor einem Aussterben der Deutschen und die Forderung nach einer aktiven Bevölkerungspolitik ist nicht oder noch nicht faschistisch. Daher war es erstens falsch und zweitens auch polemisch, wenn Eva Herman von ihren feministischen Widersachern hierfür als »Eva Braun« tituliert wurde.[19] Andererseits war es zu kurz gegriffen, wenn ihr von Alice Schwarzer lediglich Sexismus vorgeworfen wurde.[20] Hier deutete sich weit mehr an: Ein allgemeines rechtes Rollback.

Daher war es kein Wunder, dass Eva Herman Beifall aus der ganz rechten Ecke erhielt. Der Ring Nationaler Frauen versicherte seine »hundertprozentige Übereinstimmung« mit den Thesen Hermans, sprach ihr »Mut und Tapferkeit« auf ihrem »›Mutterkreuzzug‹« zu und äußerte die Hoffnung, »dass die Mehrheit unseres Volkes« bald mit Eva Herman und diesen ominösen »nationalen Frauen« übereinstimmen werde.[21]

Allerdings begrüßten auch einige Konservative Eva Herman in ihren Reihen. Michael Böhm verglich sie in *Welt online* gar mit Udo di Fabio und empfahl beiden die Lektüre der Schriften der Konservativen Revolution aus der vorfaschistischen Zeit: »Die Konservative Revolution hätte Eva Herman und Udo di Fabio gefallen«.[22] Auch der liberale und meist sehr scharfsinnige Rudolf Walther nannte in seinem Artikel über die neue konservative »Hausväterliteratur« Eva Herman in einem Atemzug mit den oben erwähnten konservativen Autoren Baring, di Fabio und Matussek sowie den Juristen Paul Kirchhof und selbst Frank Schirrmacher von der *FAZ*.[23]

Eva Herman wurde von konservativer Seite als eine Bannerträgerin für deren Sache angesehen. Die vielen Artikel und Streitschriften, die nach dem *Cicero*-Artikel und dem ebenfalls noch 2006 veröffentlichten Buch *Das Eva-Prinzip*[24] erschienen, konzentrierten sich dagegen auf die Verkünderin und nicht so sehr auf den Inhalt ihrer konservativen Botschaft.[25]

Eva Herman selbst konnte dies nur recht sein. *Das Eva-Prinzip* wurde in die Bestsellerlisten gepuscht und soll bis heute über 100000-mal verkauft worden sein und das keineswegs obwohl, sondern weil Eva Herman hier noch einmal für eine angeblich neue, in Wirklichkeit aber völlig veraltete »Weiblichkeit« und für eine ebenfalls neu-alte Bevölkerungspolitik plädierte. In diesem Zusammenhang sprach sie auch von »Designer-Kindern«, was von Désirée Nick mit der Bemerkung kommentiert wurde, Herman habe hier eine eigene, eine »Herman'sche Rassenlehre« entwickelt.[26] Tatsächlich hatte Eva Herman bereits hier die Grenzlinie zwischen Konservativismus und Faschismus zumindest tangiert, wenn nicht sogar schon überschritten. In der sonstigen Öffentlichkeit ist das jedoch kaum wahrgenommen worden. Im Mittelpunkt der Kritik stand ihr konservativ-fundamentalistisches Frauen- und Familienbild.

Bei einigen prominenten Frauen fand es jedoch auch Zustimmung. So bei Christa Müller, der Ehefrau des Vorsitzenden der Links-Partei, Oskar Lafontaine, und einer Journalistin, die sich in der *FAZ am Sonntag* ihrer sechs Kinder rühmte und in diesem Zusammenhang bereits auf das Mutterkreuz der Nazis einging, und zwar unverholen wohlwollend.[27] Geradezu begeistert reagierte die ansonsten schweigende Mehrheit.[28] Eine Auswahl der fast ausschließlich positiven und beipflichtenden Briefe und Mails an die »liebe Eva Herman« erschien Anfang 2007.[29]

Gleichzeitig machte sich Eva Herman (ob immer noch in Union mit Christine Eichel ist unklar) an ein Remake des Remakes. Gemeint ist das Buch *Das Prinzip Arche Noah*, das die Grundgedanken des »Prinzips Eva« und des *Cicero*-Artikels wiederholte – in einer unfassbar primitiven Form. Wieder sind es die bösen Frauen, die für unsere »orientierungslose Gesellschaft« verantwortlich sind, während die armen Männer sich verzweifelt fragen: »Dürfen wir noch Kerle sein?«, weshalb sie schon »ihr Heil in alten Heldenmythen« suchen würden. Zu

18

den von den Feministinnen orientierungslos gemachten Männern kommen noch Alkohol und Drogen, Computer und (bei einer Fernsehmoderatorin erstaunlich) das Fernsehen. Alles treibe den Bach hinab, ja werde zu einer neuen Sintflut führen, wenn man nicht auf Noah bzw. Eva höre – und ihre Arche Noah kaufe, was – bedauerlicherweise – viele getan haben.[30]

Das Prinzip Arche Noah wurde sofort nach Erscheinen auf die *Spiegel*-Bestsellerliste katapultiert. Hat Eva Herman dies bei der Vorstellung ihres Buches am 6. September 2007 so gewollt? Wenn ja, warum musste sie dann noch auf die NS-Zeit eingehen? Das allgemeine Weltuntergangsszenario hätte allein gereicht. Doch ein »Untergang« ohne Hitler ist offensichtlich nicht mehr denk- und vermarktbar. Oder hat Herman sich einfach nur verquatscht, was uns allen passieren kann, einer *Tagesschau*-Sprecherin aber nicht passieren sollte? Wir wissen es nicht, weshalb wir uns zunächst den einzelnen Zitaten und ihrem Kontext zuwenden.

»Es war 'ne grausame Zeit, aber …«

»Wir müssen den Familien Entlastung und nicht Belastung zumuten und müssen auch 'ne Gerechtigkeit schaffen zwischen kinderlosen und kinderreichen Familien. Und wir müssen vor allem das Bild der Mutter in Deutschland auch wieder wertschätzen lernen, das leider ja mit dem Nationalsozialismus und der darauffolgenden 68er-Bewegung abgeschafft wurde. Mit den 68ern wurde damals praktisch alles das, alles, was wir an Werten hatten – es war 'ne grausame Zeit, das war ein völlig durchgeknallter, hochgefährlicher Politiker, der das deutsche Volk ins Verderben geführt hat, das wissen wir alle – aber es ist damals eben auch das, was gut war, und das sind Werte, das sind Kinder, das sind Mütter, das sind Familien, das ist Zusammenhalt – das wurde abgeschafft. Es durfte nichts mehr stehen bleiben …«[31]

Dieses, wie gesagt, mündlich geäußerte und in einer Tonbandniederschrift vorliegende Zitat enthält vier Aussagen. Erstens eine zur heutigen Familienpolitik, die sich offensichtlich verstärkt um kinderreiche Familien kümmern soll. Diese Forderung kann man verstehen, ohne sie billigen zu müssen. Zweitens wird behauptet, dass das »Bild der Mutter« zusammen mit nicht genauer benannten »Werten« vom »Nationalsozialismus« und der »darauffolgenden 68er-Bewegung abgeschafft« worden sei, was sprachlich wirr und inhaltlich skandalös ist: Was hat die 68er-Bewegung mit dem Nationalsozialismus gemein?[32] Drittens weiß Eva Herman von Hitler nur zu berichten, dass er »das deutsche Volk ins Verderben geführt« habe. Doch da lag noch einiges andere im Argen. Davon allerdings, nämlich vom Juden- und Rassenmord, wird nicht geredet, sondern stattdessen, viertens, von dem, was »damals« (d. h. eindeutig in der NS-Zeit) auch »gut« war. Nämlich »Werte«, »Kinder«, »Mütter«, »Familien«. Diese Schlussfolgerung ist in der Tat untragbar.

Tatsächlich konzentrierte sich die Presse auch auf den vierten Halbsatz, der mit dem in diesem NS-Kontext immer verräterischen »aber« beginnt. Das *Hamburger Abendblatt* meldete, dass Eva Herman gesagt habe, es sei im Dritten Reich »vieles sehr schlecht gewesen, zum Beispiel Adolf Hitler, aber einiges eben auch sehr gut. Zum Beispiel die Wertschätzung der Mutter. Die hätten die 68er abgeschafft, und deshalb habe man nun den gesellschaftlichen Salat.«[33]

Bild am Sonntag gab den »aber«-Halbsatz folgendermaßen wieder: »Werte wie Familie, Kinder und das Mutterdasein, die auch im Dritten Reich gefördert wurden, anschließend durch die 68er abgeschafft wurden.«[34]

Wie bei *Bild* üblich war das sprachlich verkürzt, aber inhaltlich keineswegs verfälscht. Tatsächlich wurde das *Bild*-Zitat auch von der sonstigen Presse übernommen – und entsprechend kritisiert. Dabei wurden jedoch die drei anderen Bestandteile – Familienpolitik heute, Hitler und das deutsche Volk, Hitler und die 68er – des gesamten Zitats kaum noch erwähnt, was aber auch nicht notwendig war, denn das eigentlich Skandalöse war, dass Eva Herman im NS-Kontext von »Wer-

20

ten« und was sonst noch »gut« im Dritten Reich gewesen sein soll gesprochen hatte.

Derartiges ist in der Öffentlichkeit schon von jeher skandalisiert worden, vor allem dann, wenn derartige NS-Vergleiche und -Bezüge von Personen des öffentlichen Lebens hergestellt worden sind.[35] Hier nur einige Beispiele, auf die übrigens auch in der anschließenden Diskussion über Herman immer wieder verwiesen worden ist:

1993 rief der damalige sächsische Justizminister und Kandidat für das Amt des Bundespräsidenten Steffen Heitmann (CDU) viel Kritik hervor, weil er ein »normales Verhältnis« zur NS-Zeit einforderte und in diesem Zusammenhang auch die nationalsozialistische Familienpolitik positiv würdigte. Das kostete Heitmann die Kandidatur für das Amt des Bundespräsidenten. Das wiederum veranlasste den Schriftsteller Martin Walser 1998 zu seinen scharfen Attacken gegen die »Instrumentalisierung unserer Schande zu gegenwärtigen Zwecken« und den allgemeinen »Tugendterror der Political Correctness«. Nicht genauer genannten »Meinungssoldaten« warf Walser in seiner Frankfurter Paulskirchenrede ferner vor, »Auschwitz« als »jederzeit einsetzbares Einschüchterungsmittel oder Moralkeule« einzusetzen. In der daraufhin einsetzenden heftigen Debatte wiederum wurde Walser scharf kritisiert.[36]

2002 fiel der führende FDP-Politiker Jürgen Möllemann mit seiner überaus scharfen Kritik an der Politik des israelischen Ministerpräsidenten Ariel Scharon negativ auf. Skandalisiert wurde insbesondere seine Unterstellung, dass Scharon und der damalige Vizepräsident des Zentralrats der Juden in Deutschland, Michel Friedman, »den Antisemiten, die es in Deutschland leider gibt (…) Zulauf verschafft« habe.

2003 sinnierte der CDU-Abgeordnete Martin Hohmann in einer öffentlichen Rede darüber, ob anstelle der Deutschen die Juden das eigentliche »Tätervolk« seien, wobei er auf die vielen »Juden« in den Reihen der bolschewistischen, kommunistischen und sozialistischen Parteien verwies und sich dabei auf das berüchtigte Buch *Der internationale Jude* des amerikanischen Antisemiten Henry Ford berief. Nachdem der Inhalt der Rede zunächst im Ausland einer breiteren Öffentlichkeit bekannt geworden war, kam es in Deutschland zu einem Entrüstungssturm, der dazu führte, dass sich die CDU von Hohmann distanzierte und ihn schließlich sogar von der Partei ausschloss.

Wie immer man diese und andere Fälle und Skandale beurteilen mag, falsch und völlig an der Sache vorbei geht die schon im Zusammenhang mit dem Fall Herman gemachte Bemerkung des immer bewusst und gewollt provozierenden Publizisten Henryk M. Broder: »Wer zuerst Hitler, Nazis, Drittes Reich sagt, hat die Arschkarte gezogen. So einer ist entweder NS-Sympathisant oder – noch schlimmer – er missachtet das 11. Gebot: Du sollst nicht vergleichen!«[37]

Broders flapsige Bemerkung greift entschieden zu kurz. Genau wie man mit Geschichte allgemein etwas will, um mit Alfred Döblin zu sprechen, so will man gerade mit der NS-Geschichte etwas, genauer: Politik machen. Geschichtspolitik nennt man das, und es geschieht nicht in, sondern mit der Vergangenheit, die eine, wie schon Ernst Nolte klagte, »Vergangenheit (ist), die nicht vergehen will«.[38]

Ob Eva Herman das wirklich wollte, das heißt, ob sie ein Ende der »Vergangenheitsbewältigung« beabsichtigt hat, kann nicht mit Sicherheit gesagt werden. Dennoch oder deshalb hätte sie Broders »Karte« gar nicht ziehen müssen und sich ohne Ansehensverlust von ihrem mündlich getätigten »Vergleich« zwischen Hitler und den 68ern sowie vor allem von ihrer Behauptung distanzieren können, dass es auch im Dritten Reich »Werte« gegeben habe.

»Laut gegen Nazis«

Doch das tat Eva Herman nicht. Sie fand kein Wort des Bedauerns oder der Selbstkritik, als sie eben wegen ihres NS-Vergleichs in der Presse heftig und fast unisono kritisiert wurde.

22

Auch dann nicht, als sich ihr Sender, der NDR, am 9. September dazu veranlasst sah, die Zusammenarbeit mit Eva Herman aufzukündigen, weil in ihren am 6. September gemachten Äußerungen ein Lob des nationalsozialistischen Frauenbildes bzw. der nationalsozialistischen Frauen- und Familienpolitik enthalten sei.[39]

Dies war eine sehr harte und meines Erachtens überzogene Reaktion, die jedoch in der deutschen Presse auf ungeteilte Zustimmung stieß. Einige ausländische Presseorgane sahen das etwas anders. Die *International Herald Tribune* titelte ebenso erstaunt wie entsetzt: »TV moderator and talk show host Eva Herman fired for praising Nazi family policy.«[40]

Von niemandem aber wurde die Authentizität des »aber«-Zitats infrage gestellt. Wohl aber von Eva Herman selbst am 28. September in einem Interview mit dem »katholischen Nachrichtendienst« *kath.net.*[41] In einer schriftlichen Presseerklärung vom 4. Oktober griff sie die »zahlreichen Medien« an, die ihr »eine Identifikation mit der nationalsozialistischen Familienpolitik« unterstellt hätten.[42] Zum Beweis ihrer Behauptung veröffentlichte sie die seit dem 22. September vorliegende Tonbandniederschrift des gesamten Zitats. Dies vollständig und einschließlich des »aber«-Teils, der die gegen sie erhobenen Vorwürfe bestätigte. Sie behauptete also trotzig, nicht gesagt zu haben, was sie selbst veröffentlichte. Das war mehr als ungeschickt, ja unverständlich, zumal sie auch jetzt noch eine Interpretation und inhaltliche Distanzierung von dem mit »aber« eingeleiteten Teil unterließ.

In der gleichen Presseerklärung hat sie sich gegen die Vereinahmungsversuche gewehrt, die inzwischen von rechtsextremistischer Seite aus gestartet worden waren.[43] Doch dies wiederum nicht mit einer Distanzierung von ihrer Äußerung, sondern mit dem Hinweis, dass sie »vor zwei Jahren (...) für die Aktion ›Laut gegen Nazis‹ eine CD mit Texten von Erich Kästner eingelesen« habe.[44] Was Texte von Erich Kästner mit ihrer Äußerung über die nationalsozialistische Familienpolitik zu tun haben sollen, erwähnte sie ebenso wenig wie die Tatsache, dass sich die Aktion Laut gegen Nazis davon sowie von Eva Herman selbst distanziert hatte.

Weitere Fernsehauftritte wurden ihr verwehrt oder von ihr abgelehnt. So etwa das Angebot Michel Friedmans, mit ihm in seiner Talkrunde auf dem Privatsender 13th Street zu diskutieren. Dagegen nahm sie die Einladung des Forums Deutscher Katholiken an, bei dem Jahreskongress ›Freude am Glauben‹ am 6. Oktober in Fulda als Gastrednerin aufzutreten.

Die schon in diesem Forum selbst keineswegs unumstrittene Einladung Hermans wurde in der Öffentlichkeit bekannt und daraufhin heftig kritisiert. Handelt es sich doch bei diesem im Jahr 2000 von katholischen Laien gegründeten Forum deutscher Katholiken um eine dezidiert katholisch-konservative, ja eigentlich fundamentalistische Gruppierung, die wiederum mit fundamentalistischen Organisationen wie dem berühmt-berüchtigten Opus Dei zusammenarbeitet. Zum Kuratorium dieses, wie es sich selbst bezeichnet, papsttreuen Forums gehören extrem rechte Politiker wie Peter Gauweiler und Otto von Habsburg und Politikwissenschaftler wie Konrad Löw, der durch mehrere als rechtsradikal[45] einzustufende Äußerungen unangenehm aufgefallen war.[46]

Das Forum selbst bekennt sich ohne Wenn und Aber zu seinem katholisch-»traditionalistischen«[47] bzw. fundamentalistischen Auftrag: »Wir sehen einen Neuanfang nicht in der Fortsetzung von Strukturdebatten und Satzungsdiskussionen, sondern in persönlicher Umkehr, in geistlicher Erneuerung, im Glaubensgehorsam und in der Loyalität gegenüber dem Hl. Vater und den mit ihm verbundenen Bischöfen.«[48]

Eva Herman war der fundamentalistische Hintergrund dieses Forums nicht nur bewusst, sie hat sich in dem Interview mit dem »katholischen Nachrichtendienst« vom 28. September auch zu ihrer Sympathie mit dessen fundamentalistischen Glaubensinhalten und Werten bekannt.[49] Die weitere Debatte ist vor eben diesem katholischen Hintergrund zu sehen und hat zudem eine weitere Vorgeschichte, auf die zunächst kurz einzugehen ist.

»Entartet«

Im Februar 2007 war der Augsburger Bischof, Walter Mixa, durch eine scharfe Kritik an der Politik der Familienministerin Ursula von der Leyen aus dem Rahmen gefallen. Er hatte es für nötig befunden, diejenigen Frauen, deren Wunsch es ist, nach der Geburt eines Kindes wieder arbeiten zu gehen und das auch tun, als »Gebärmaschinen« zu bezeichnen. Nicht klar war dabei, ob er damit lediglich das traditionelle Küche-Kinder-Kirche-Ideologem der Katholiken verteidigen oder durch den Gebrauch des Worts »Gebärmaschine« eine Verbindung zwischen der heutigen und der nationalsozialistischen Familienpolitik herstellen wollte. Der NS-Bezug wurde allerdings bei einem anderen Ereignis unübersehbar.

Im März 2007 hatten die deutschen katholischen Bischöfe Israel bzw., wie sie es nannten, das Heilige Land besucht[50] – ein grundsätzlich löbliches Unterfangen. Keineswegs zu befürworten waren jedoch einige Aussagen der Bischöfe über den Nahostkonflikt. Dieser wird bekanntlich von zwei Seiten geführt. Die wohlgemerkt deutschen Bischöfe interessierten sich aber vornehmlich für die palästinensische Sicht der Dinge. Angesichts der Grenzbefestigungen, die den israelischen Staat von den palästinensischen Gebieten trennen, fühlte sich der Bamberger Erzbischof, Ludwig Schick, an die Berliner Mauer erinnert. Der Augsburger Bischof, Walter Mixa, sprach mit Blick auf die Lage der Palästinenser von einer »ghettoartigen Situation«, die an »Rassismus« grenze. Und der Eichstätter Bischof, Gregor Maria Hanke, wies in diesem Zusammenhang auf die Bilder aus dem Warschauer Ghetto hin, die er kurz zuvor in der Gedenkstätte Yad Vashem gesehen hatte.

Selbstverständlich riefen diese völlig unsachlichen Vergleiche von der Lage der heutigen Palästinenser unter israelischer und der der Juden unter nationalsozialistischer Herrschaft in der deutschen Öffentlichkeit Empörung hervor. Und ebenso selbstverständlich wurde diese Empörung auch von Angehörigen des Zentralrats der Juden in Deutschland geteilt. Sein Vizepräsident, Dieter Graumann, kommentierte ironisch: »Wer solche Freunde hat, braucht keine Feinde mehr.«

Sprecher der Fuldaer Bischofskonferenz distanzierten sich zwar in Teilen von einigen der angeführten Aussagen, verbanden dies jedoch mit scharfen Angriffen auf den Zentralrat der Juden. Im September 2007 fand das seine Fortsetzung, als ein Ausspruch des Kölner Kardinals, Joachim Meisner, skandalisiert wurde: »Dort, wo die Kultur vom Kultus, von der Gottesverehrung abgekoppelt wird, erstarrt der Kult im Ritualismus und die Kultur entartet.« In der Öffentlichkeit wurde vor allem die Verwendung des Adjektivs »entartet« kritisiert, weil es an die Kampagnen der Nationalsozialisten gegen eine »entartete Kunst« erinnerte. Als unter Umständen noch problematischer wurde der Anspruch Meisners empfunden, zu bestimmen, was wahre Kunst und Kultur sei, nämlich nur solche, die mit der »Gottesverehrung« verbunden ist. Ich selbst habe in diesem Zusammenhang von Fundamentalismus gesprochen und vor einem neuen Kulturkampf gewarnt sowie auf den Zusammenhang mit Hermans Lob der nationalsozialistischen Familienpolitik verwiesen.[51] Stefan Frank wurde in *konkret* noch deutlicher. Er sah in »Eva Hermans Lob der NS-Familienpolitik« und in »Kardinal Meisners Beschimpfung einer aufgeklärten Kultur als ›entartet‹ (…) keine individuellen Ausrutscher«, sondern den »Ausdruck des gesunden Volksempfindens«.[52]

Tatsächlich haben sich dann auch Repräsentanten der katholischen Kirche in die Debatte über Eva Hermans »Werte« eingeschaltet. Der oben erwähnte Bischof Mixa verteidigte Herman gegen alle Vorwürfe, die Mixa selbst für »absurd« hielt. Auch ihre intern umstrittene Einladung zum Forum Deutscher Katholiken konnte als Parteinahme für Herman aufgefasst werden. So kam es dann auch.

Zwar ohne ihren Schirmherrn, den hessischen Wirtschaftsminister Alois Rhiel (CDU), der das Treffen boykottierte, aber geradezu unter ostentativer Anwesenheit von Bischof Mixa bereiteten die (Rechts-)Katholiken Eva Herman am 6. Oktober einen begeisterten Empfang. Ihre Rede, in der sie sich wiederum nicht von ihren NS-Vergleichen distanzierte, wurde nach Presseberichten sogar mit »tosendem Beifall« aufgenommen.[53]

Beides wurde wiederum vom Vizepräsidenten des Zentralrats der Juden, Dieter Graumann, kritisiert.[54] Die Zustimmung, die Herman bei den Katholiken gefunden habe, sei eine »Ohrfeige für all diejenigen, die sich über 60 Jahre in der Aufarbeitung der Nazidiktatur engagiert haben«. Schließlich habe Herman die »Grundwerte von Ehe, Familie und Kindern« in »direkten Zusammenhang mit nationalsozialistischer Familienideologie« gebracht und diese »teilweise verherrlicht«. Daher sei es falsch gewesen, wenn der Kongressleiter, Alois Konstantin Fürst zu Löwenstein, Herman zum vermeintlichen Opfer des »öffentlichen Geheuls« und zur »Märtyrerin im Kampf für Ehe, Familie und Kinder« erklärt habe. Graumann schloss seine Philippika gegen die katholische Kirche mit folgender Mahnung an sie:

»Angesichts der hässlichen Häufung von kritikwürdigen Vorfällen – die wirren Vergleiche des Kölner Kardinals Meisner mit entarteter Kunst, die Ausfälle während der Israelreise der Bischofskonferenz im Sommer sowie der jetzige Vorfall beim Forum Deutscher Katholiken – muss sich die Deutsche Bischofskonferenz der katholischen Kirche fragen lassen, ob nicht langsam doch ein klärendes Wort des Vorsitzenden Kardinal Lehmann fällig ist.«

Graumanns Kritik, die umgehend von anderen Presseorganen in der Regel zustimmend zitiert wurde, war schon ›starker Tobak‹ und im sonst ziemlich süßlichen christlich-jüdischen Dialog äußerst ungewöhnlich. So sah es auch der von Graumann direkt angesprochene Kardinal Lehmann. Graumanns Äußerungen würden dem »Verhältnis der katholischen Kirche zum Judentum in keiner Weise gerecht« und seien »auf befremdliche Weise einseitig und im Ton unangemessen«.[55]

Noch radikaler und eigentlich schon fast antisemitisch äußerte sich *kreuz.net*.[56] Unter der Überschrift »Kauft nicht bei Eva Herman!«[57] wurden die Presseerklärung des Zentralrats

27

als »infam« und der »Rundumschlag« bzw. die »Hasspredigt«[58] Graumanns als »niederträchtig« bezeichnet. Der Kommentar begann mit dem an die antisemitischen Hep-Hep-Unruhen der ersten Hälfte des 19. Jahrhunderts erinnernden Ausruf »Hussah! Hussah! Die Hatz geht weiter!«, womit nun die vermeintliche Hatz gegen Herman und die katholische Kirche gemeint war, und endete mit dem Zitat des »scharfsinnigen US-Kolumnisten Josef Sobran«: »Der Ausdruck Antisemit bezeichnete einmal jemanden, der Juden hasst. Jetzt bezeichnet er jemanden, der von Juden gehasst wird.«[59]

Auf diese antisemitische Komponente der Kontroverse, die dann auch in anderen Beiträgen deutlich werden sollte, wird noch näher einzugehen sein.[60] Sie ist allerdings schon bei der weiteren Darstellung zu berücksichtigen. »Eva Herman spaltet Juden und Katholiken«,[61] hieß es schon vor Beginn der eigentlichen Kontroverse über ihre »Werte« und NS-Vergleiche, bei der sie viel Kritik von jüdischer und Lob von katholischer Seite erhalten hatte. Eva Herman hätte dies wissen müssen und sich davon, vor allem aber von ihren NS-Vergleichen, in der Talkshow mit Johannes B. Kerner distanzieren können.

»Liebe Eva«

Gelegenheit dazu bot ihr gleich zu Beginn Kerner selbst mit der Bemerkung, ob sich die »liebe Eva«[62] nicht von ihren »missverständlichen Bemerkungen zur NS-Familienpolitik« distanzieren wolle. Doch das tat sie nicht, sondern erneuerte ihre unbegründeten Angriffe gegen die Presse. Daher ließ Kerner das obige Zitat in der langen Tonbandfassung einblenden. Eva Hermann beharrte darauf, den mit »aber« beginnenden Halbsatz nicht gesagt zu haben. Eine merkwürdige und, wie Jörg Thomann in *FAZ.net* richtig erkannte, riskante Strategie.[63] Sie ging jedoch zunächst auf, jedenfalls bei vielen der Studiogäste, unter denen sich viele Herman-Fans befanden, die sie von Beginn an lautstark unterstützten.[64] Zehn von ihnen waren, wie die *Bild*-Zeitung herausfand, von Herman mit Freikarten versorgt worden.[65]

Eva Herman wiederholte und bekräftigte im weiteren Verlauf ihre Angriffe gegen die »68er«, weil diese »Werte« wie »Familie« usw. abgeschafft hätten, und zwar »wie die Nazis«. Dieser völlig unpassende Vergleich hätte auf der Stelle scharf zurückwiesen werden müssen. Leider geschah das nicht. Stattdessen wurde ich, der als sogenannter Experte geladen und etwas abseits unter den Zuschauern positioniert worden war, von Kerner zur NS-Frauen- und Familienpolitik befragt. Ich hielt einen kleinen Vortrag, in dem ich auf die Unterschiede zwischen dem konservativen und dem faschistischen Frauen- und Familienbild hinwies und Eva Herman bat, sich zumindest von Letzterem zu distanzieren. Doch sie ging mich frontal an.

Kerner lenkte die Diskussion dann wieder auf die heutige Familienpolitik. An ihr beteiligten sich neben Kerner und Herman auch die anderen geladenen Gäste, die Schauspielerin Senta Berger, die (ehemalige) Fernsehmoderatorin Margarethe Schreinemakers und der Komiker Mario Barth. Sehr erhellende Erkenntnisse gewann man nicht, hingegen wurde die Stimmung immer gereizter – vor allem als Kerner wieder auf die NS-Zeit zu sprechen kam und Eva Herman eine Äußerung vorhielt, die in ähnlicher Form auch von dem NS-Ideologen Alfred Rosenberg gemacht worden ist. Darauf antwortete Eva Herman nicht, was sie auch nicht musste, denn dieser Vergleich war tatsächlich problematisch.[66] Stattdessen wies sie auf die vielen ihr zustimmenden Briefe hin, deren Absender sich ganz anders artikulierten als die »gleichgeschaltete Presse«.[67] Gemeint war unsere heutige Presse in einem demokratischen Staat, was einer ungeheuerlichen Unterstellung gleichkommt. Doch auch dies wurde weder weiter kommentiert noch energisch genug zurückgewiesen.

Kerner wollte nun von mir wissen, ob »Gleichschaltung« ein nationalsozialistisch belasteter Begriff sei, was ich bestätigte, um gleichzeitig noch einmal darauf hinzuweisen, dass Eva Herman oben erwähntes Zitat wirklich von sich gegeben habe, was sie nicht mit dem Verweis auf irgendwelche gegen sie gerichte-

29

ten Verschwörungen in der Presse abstreiten könne,[68] sie leide an einer »Verschwörungspathologie«. Damit war augenscheinlich etwas zu viel Öl ins Feuer gegossen worden; jedenfalls verweigerte Eva Herman jegliche weitere Diskussion mit mir, um dann festzustellen: »Natürlich ist er (der Begriff Gleichschaltung; Anm. d. Verf.) da (in der NS-Zeit; Anm. d. Verf.) benutzt worden, aber es sind auch Autobahnen damals gebaut worden, und wir fahren heute drauf.«

Dass sie in diesem ausdrücklichen NS-Zusammenhang »Hitlers Autobahn« erwähnte, rief bei allen Beteiligten der Diskussion sowie auch unter verschiedenen Studiogästen Empörung hervor.[69] Senta Berger drohte mit dem Verlassen der Sendung, und Margarethe Schreinemakers wandte sich an Kerner mit der Bemerkung: »Du hast Eva alle Chancen der Welt gegeben. Du hattest eine Engelsgeduld. Aber es sind Worte gefallen, die dürfen nicht kommen.«

Das empfand auch Kerner so und erklärte: »Autobahn – das geht halt nicht.« Nach einigem Hin und Her forderte Kerner Herman zum Verlassen der Diskussionsrunde auf. Sie tat dies mit der Bemerkung: »Ich muss einfach lernen, dass man über den Verlauf unserer Geschichte nicht reden kann, ohne in Gefahr zu geraten«, ließ aber offen, wovon die Gefahr ausgehe – offensichtlich meinte sie nicht nur »die 68er«.

1 *Cicero* ist erst 2004 von Wolfram Weimer gegründet worden und soll inzwischen eine Auflage von über 70000 Exemplaren erreicht haben. Finanziert wird *Cicero* vom Schweizer Ringier Verlag, der die Boulevardzeitung *Blick* herausgibt. In Deutschland ist *Cicero* durch eine staatsanwaltliche Untersuchung seiner Redaktionsräume bekannt geworden, die im September 2005 stattfand und im Februar 2007 vom Bundesverfassungsgericht als »verfassungswidrig« eingestuft worden ist. Dieser skandalöse Vorgang brachte *Cicero* in der linken und liberalen Presse Respekt und Solidarität ein.

2　»Wie konservativ ist der Zeitgeist?« In: *Cicero*, Nr. 8/2006. In der Ausgabe Nr. 5/2007 wurde ein Ranking der »500 wichtigsten Intellektuellen« durchgeführt. Auf Platz 1 kam Joseph Ratzinger, gefolgt von Martin Walser.

3　Erstaunlicherweise äußerte Baring kein Wort zur Herman-Kontroverse.

4　Sie tragen Titel wie *Erziehung zur Frau*, »*Damit ihr Frucht bringt*«, *Macht Gleichheit glücklich?*, *Die ruinierte Generation*, *Unser Leben muß anders werden* und *Dienstanweisungen für Oberteufel*. Insgesamt stellen sie ein unsägliches konservativ-fundamentalistisches Gebräu dar.

5　Udo di Fabio: *Die Kultur der Freiheit*. München 2005. Di Fabio macht sich hier nicht nur für die Leitwerte des Grundgesetzes, sondern auch für die Vorsorge um ausreichende Nachkommenschaft stark und betont die Notwendigkeit der Beibehaltung von Nationalstaaten. Auszüge dieses Buchs erschienen in: *Cicero*, Nr. 9/2005.

6　Diekmann: *Der große Selbst-Betrug*. In der Diskussion über dieses Buch wurde bereits auf die Herman-Kontroverse verwiesen.

7　Matthias Matussek: *Die vaterlose Gesellschaft. Eine Polemik gegen die Abschaffung der Familie*. Aktualisierte Neuausgabe. Frankfurt am Main 2006.

8　Eva Herman: »Die Emanzipation – ein Irrtum?« In: *Cicero*, Nr. 5/2006.

9　Hier hat sie Eva Herman kennengelernt.

10　Christine Eichel: *Im Netz. Roman*. Hamburg 2004.

11　Diese und die obige Stelle zitiert nach der Besprechung von Barbara Wegmann: »Die ›Fernerotiker‹«. In: *Titel-Magazin*, 6.12.2004.

12　Christine Eichel war zwar noch Co-Autorin bzw. Ghostwriterin von Eva Hermans *Das Eva-Prinzip*, ist dann aber in der weiteren Diskussion nicht mehr aufgetreten. Auch *Cicero* hat sich nicht mehr an der Herman-Kontroverse beteiligt. Über die Gründe kann man nur spekulieren. Wahrscheinlich lag es an Hermans Verwischung der Unterschiede zwischen Konservativismus und Faschismus.

13　Den Nachnamen eines ihrer geschiedenen Ehemänner behielt sie später bei – in einer anderen Schreibweise: Herman statt Herrmann.

14　Eva Herman: *Dann kamst du. Roman*. Hamburg 2001; Eva Herman: *Aber Liebe ist es nicht. Roman*. Hamburg 2002.

15 Eva Herman: *Vom Glück des Stillens. Körpernähe und Zärtlichkeit zwischen Mutter und Kind*. Hamburg 2003; Eva Herman und Stephan Valentin: *Mein Kind schläft durch. Der natürliche Weg zu ruhigen Nächten für Groß und Klein*. Berlin 2005.

16 Dieses und die folgenden Zitate nach Herman: »Emanzipation – ein Irrtum?«

17 Die damit verbundenen Angriffe gegen einige homosexuelle Frauen sind mehr als abgeschmackt.

18 Nicht unwichtig, aber damals kaum bemerkt, ist, dass Eva Herman gläubige Katholikin ist und sich als solche dann auch zu erkennen gegeben hat.

19 Thea Dorn: »Das Eva-braun-Prinzip«. In: *taz*, 29.11.2006. Thea Dorn verglich in diesem Artikel Aussagen Eva Hermans mit denen von Alfred Rosenberg. Das war problematisch, ist später aber auch von Johannes B. Kerner aufgegriffen worden.

20 Alice Schwarzer: »Panik im Patriarchat«. In: *Der Spiegel*, Nr. 22/2006. Alice Schwarzer forderte in diesem *Spiegel*-Interview aber auch die ARD dazu auf, Eva Herman zu entlassen, weil deren »sexistischen Elaborate« gegen die »Grundsätze der öffentlich-rechtlichen Rundfunkanstalten« verstoßen würden.

21 Der offene Brief des Ringes Nationaler Frauen (Frauenorganisation der NPD) stammt vom 10.9.2007 und findet sich auf der Internetseite *Der Nonkonformist* unter dem Titel »›Bravo, Eva!‹«.

22 Michael Böhm: »Konservativismus ist nur noch eine Erinnerung«. In: *Welt online*, 8.5.2007.

23 Rudolf Walther: »Hausväterliteratur«. In: *Die Zeit*, Nr. 20/2007 (10.5.2007).

24 Eva Herman (mit Christine Eichel), *Das Eva-Prinzip. Für eine neue Weiblichkeit*. München, Zürich 2006.

25 Geradezu vernichtend bereits: Renate Schmidt »Die Tränen des Muttertiers«. In: *taz*, 8.9.2006. Ferner die Anti-Herman-Streitschriften von: Karin Deckenbach: *War was, Eva? Wer sich nicht wehrt, endet am Herd*. München 2006; Herrmann Evers: *Super, Eva! Männer sagen Danke für eine neue Dämlichkeit*. Frankfurt am Main 2006; Désirée Nick: *Eva go home. Eine Streitschrift*. Frankfurt am Main 2007.

26 Nick: *Eva go home*. Désirée Nick wiederholte das in einem Inter-

view mit dem *stern* vom 11.9.2007 in dem sie sich nicht zur weiteren Herman-Diskussion äußern wollte, weil sie doch schon alles zu dem Thema gesagt habe.

27 Sibylle Tönnies: »Eine Last, die keiner sieht«. In: *FAZ am Sonntag*, 30.9.2007.

28 Das Ergebnis der Meinungsumfragen war aber unterschiedlich. Forsa stellte im August 2006 fest, dass Dreiviertel der Deutschen »Eva Hermans Frauenbild für falsch und überholt halten«. Emnid ermittelte einen Monat später ein völlig anderes Ergebnis. Danach waren 50 Prozent der Befragten der Meinung, dass »Kinder, Familie und ein harmonisches Heim« zu haben, die wichtigste Aufgabe der Frau sei.

29 *Liebe Eva Herman! Briefe an die Autorin des Eva-Prinzips*. München, Zürich 2007.

30 Eva Herman: *Das Prinzip Arche Noah. Warum wir die Familie retten müssen*. München, Zürich 2007. Vgl. dazu die vernichtende Rezension aus der *amazon.de*-Redaktion.

31 Dieser Tonbandmitschnitt lag seit dem 22.9.2007 vor und konnte auch im Internet nachgelesen werden, darunter auch auf der Seite von Eva Herman.

32 Dieser völlig unpassende und ungehörige NS-Vergleich ist dann kaum thematisiert, geschweige denn kritisiert worden.

33 Barbara Möller: »Wann ist Mann ein Mann?« In: *Hamburger Abendblatt*, 7.9.2007.

34 *Bild am Sonntag*, 9.9.2007. Vgl. auch: »Eva Herman und die Mütter unter Hitler«. In: *Spiegel online*, 7.9.2007; und »Lob der Mutter«. In: *FAZ.net*, 8.9.2007.

35 Sehr gute Analysen der im Folgenden nur kurz angerissenen Skandale finden sich in den Sammelbänden des Duisburger Instituts für Sprach- und Sozialforschung (DISS): Siegfried Jäger und Alfred Schobert (Hrsg.): *Weiter auf unsicherem Grund. Faschismus, Rechtsextremismus, Rassismus. Kontinuitäten und Brüche*. Duisburg 2000; Siegfried Jäger und Franz Januscheck (Hrsg.): *Gefühlte Geschichte und Kämpfe um Identität*. Münster 2004.

36 Ein Beispiel: »Sonntagsrede mit Folgen. Martin Walsers Appell an die ›selbstbewusste Nation‹«. In: *analyse & kritik*, 17.12.1998.

37 Henryk M. Broder: »Der programmierte Eklat«. In: *Spiegel online*,

10.10.2007. Auf diesen wichtigen, aber irreführenden Artikel von Broder wird noch näher einzugehen sein.

38 Ernst Nolte: »Vergangenheit, die nicht vergehen will. Eine Rede, die geschrieben, aber nicht gehalten werden konnte«. In: Augstein u. a.: »Historikerstreit«. S. 39–47.

39 Michael Hanfeld: »Vertreibung aus dem Paradies«. In: FAZ, 10.9.2007.

40 International Herald Tribune, 9.9.2007.

41 »Eva Herman: ›Der Glaube ist für mich das A und O‹«. In: kath.net, 28.9.2007.

42 In: eva-herman.de, 4.10.2007.

43 Im rechten Altermedia.info-Blog ist sie bereits am 11.9.2007 zur »Heldin des Alltags« und Kämpferin gegen die linke »Political Correctness« gefeiert worden.

44 In: eva-herman.de, 4.10.2007.

45 Der Zentralrat der Juden in Deutschland erwähnte in seiner Presseerklärung vom 9.10.2007 auch die »antisemitischen Beiträge« Löws.

46 Konrad Löw hat außerdem auch einige unendlich einfältige Bücher über bzw. gegen Karl Marx verfasst. Vgl. dazu Wolfgang Wippermann: Der Wiedergänger. Die vier Leben des Karl Marx. Wien 2008.

47 So Peter Hertel: Glaubenswächter. Katholische Traditionalisten im deutschsprachigen Raum. Würzburg 2000. Von diesem Autor stammen auch einige Bücher über das Opus Dei: Peter Hertel: Geheimnisse des Opus Dei. Freiburg 1995.

48 Zitiert nach dem Eintrag bei Wikipedia.

49 »Eva Herman: ›Der Glaube ist für mich das A und O‹«.

50 Dieses und die folgenden Ereignisse bzw. Fehltritte von Repräsentanten der katholischen Kirche sind übrigens auch von dem katholischen Organ kreuz.net zusammengestellt und schließlich in Verbindung zur Herman-Kontroverse gebracht worden, wobei es zu scharfen Angriffen auf die linken und schließlich auch jüdischen Kritiker des Verhaltens dieser Katholiken gekommen ist. Vgl. bereits kreuz.net, 26.9.2007.

51 Deutschlandradio Kultur, 17.9.2007. Dies brachte mir wiederum den Vorwurf ein, zur »Verfolgung Andersdenkender« aufgerufen und für sie eine »Art Beugehaft« gefordert zu haben. Vgl.: Stephan Waitz: »Wolfgang Wippermann«. In: ef-online, 16.10. 2007.

34

52 Stefan Frank: »Kein Wort zuviel«. In: *konkret*, Nr. 9/2007.

53 »Katholiken beklatschen Eva Herman«. In: *stern.de*, 9.10.2007. Kritische Kommentare auch im *Focus* und *Spiegel*.

54 »Armutszeugnis: Tosender Beifall für Eva Hermann«. Pressemitteilung des Zentralrats der Juden in Deutschland vom 9.10.2007.

55 Zitiert nach: »Kerner wirft Eva Herman aus seiner Sendung«. In: *Jesus.de*, 10.10.2007.

56 »Kauft nicht bei Eva Herman!« In: *kreuz.net*, 10.10.2007.

57 Diese Abwandlung des antisemitischen Spruchs »Kauft nicht bei Juden!« ist bereits antisemitisch konnotiert.

58 Als »Hasspredigten« werden sonst die antiwestlichen Ausfälle einiger islamischer Geistlicher bezeichnet. Hier wird offensichtlich versucht, eine Verbindung zwischen Antiislamismus und Antisemitismus herzustellen.

59 Auch diese Täter-Opfer-Umkehrung ist antisemitisch und im antisemitischen Schrifttum immer wieder anzutreffen.

60 Siehe Kapitel 3.

61 »Eva Herman spaltet Juden und Katholiken«. In: *Israswiss.net*, 9.10.2007. Zu Unstimmigkeiten kam es gleichzeitig auch innerhalb der christlichen Ökumene, weil Papst Benedikt XVI. die katholische als die einzig wirkliche Kirche bezeichnete. All dies scheint einige Katholiken zu ihren fundamentalistischen Ausfällen ermuntert zu haben.

62 Diese Anrede war keineswegs, wie einige dann mutmaßten, ironisch gemeint. Herman und Kerner kannten und duzten sich schon vorher.

63 Jörg Thomann: »Wie Eva Herman den Fernsehtod starb«. In: *FAZ. net*, 10.10.2007.

64 Einige von ihnen saßen übrigens direkt hinter mir und brachten ihren Unmut über mich auch direkt und unüberhörbar zum Ausdruck.

65 »Warum hat Kerner sie geduzt?« In: *Bild*, 11.10.2007.

66 Rosenbergs Angriff gegen den Feminismus und Individualismus stand nämlich in einem antisemitischen Kontext, der in dem von Kerner gebrachten Zitat aber nicht deutlich wurde.

67 Auch dies war kein einmaliger Ausrutscher. Eva Herman hatte sich

35

bereits Ende September in einem Interview mit dem »Magazin für Medienmacher« *V.i.S.d.P.* (Nr. 49/2007) über das »vorsätzliche Liquidieren durch eine zum Teil gleichgeschaltete Presse« beschwert.

68 Wie noch zu zeigen sein wird, war diese Strategie in der anschließenden Debatte sehr erfolgreich. Viele Diskutanten in den Blogs und noch mehr Leserbriefschreiber wollten einfach nicht wahrhaben, was Herman gesagt hatte.

69 Mario Barth fand es »Kacke«, und ich habe aus dem Hintergrund gerufen: »Adolf hat die Autobahn gebaut – das war's. Das ›Autobahn‹-Argument ist das Beste.«

2. Beginn und Verlauf

»Öffentliche Hinrichtung«

Die Talkshow *Johannes B. Kerner* wurde am 9. Oktober von 2,65 Millionen Zuschauern angesehen. Das entsprach einem Marktanteil von 18,1 Prozent. Damit erreichte dieser *Kerner*-Talk die höchste Einschaltquote des Jahres.[1] Schon deshalb war die Sendung das, was man neudeutsch ein Medienevent nennt, über das am nächsten und übernächsten Tag nahezu alle deutschen Zeitungen berichteten. Im Zentrum ihrer Berichterstattung stand die frühzeitige Verabschiedung von Eva Herman. Sie war von Johannes B. Kerner schon vor der Ausstrahlung der am Nachmittag aufgenommenen Talkshow mit den Worten bekanntgegeben worden: »Ich wollte wissen, was Eva Herman wirklich denkt. Als ich gemerkt habe, dass sie ihre missverständlichen Äußerungen nicht aufklären kann, habe ich sie freundlich verabschiedet.«[2]

Daraus machten die Zeitungen einen »Rauswurf« und wollten darin einen Eklat sehen, für den Johannes B. Kerner verantwortlich gemacht wurde. Sein Verhalten wurde zwar vom zuständigen Programmdirektor des ZDF, Thomas Bellut, gebilligt,[3] von den meisten Presseorganen jedoch scharf kritisiert. In *FAZ.net* sprach Jörg Thomann von einem »fragwürdigen Triumph des Moderators«, räumte aber immerhin ein, dass Eva Herman bei ihrem »Fernsehtod« eine »erbärmlich schlechte Figur« abgegeben habe.[4] In der liberalen *Süddeutschen Zeitung* wurden noch schärfere Töne angeschlagen. Andreas Zielcke warf Kerner in seinem Kommentar »unredliche Selbstgerechtigkeit« vor und meinte, ein »Debakel des Moderators« gesehen zu haben.[5] In der Onlineausgabe der *Süddeutschen Zeitung* war sogar von einem »Volksgerichtshof« die Rede, was aber dann mit Worten der Entschuldigung durch »Laiengericht« ersetzt wurde.[6]

Während Johannes B. Kerner landauf landab kritisiert und vor allem in den publizierten Leserbriefen maßlos beschimpft wurde,[7] kamen Eva Herman in den Kolumnen der Zeitungen und verstärkt in den zahllosen Zuschriften viel Mitleid und Sympathie entgegen. Die Magdeburger *Volksstimme* meinte, dass Eva Herman der Traumquoten willen von Kerner »geschlachtet« worden sei.[8] Dem *Flensburger Tageblatt* nach wurde Eva Herman von Kerner in ein »Kreuzverhör« genommen und dann »gnadenlos« in die Ecke geprügelt. All das sei einer »öffentlichen Hinrichtung« gleichgekommen. Das Wort von der »öffentlichen Hinrichtung« der »armen Eva« machte dann auch in anderen Zeitungen die Runde.[9]

Diese Sympathie und Zustimmung für Herman erstaunt. Hatte man nicht mitbekommen, was sie über die »Autobahn« und was sonst noch »gut« im Dritten Reich gewesen sein sollte, gesagt hatte? Der bissige und von Freund und Feind meist als »jüdischer Publizist« vorgestellte Henryk M. Broder hatte dies sehr wohl bemerkt, meinte aber in *Spiegel online*, dass Hermans »Autobahn«-Bemerkung der »einzige Satz« gewesen sei, der »richtig war«, um sich dann in den Chor der Ankläger gegen das Kerner'sche »Tribunal der Selbstgerechten« einzureihen.[10] Die sonstigen NS-Vergleiche hielt Broder schlicht für »Narreteien« und meinte in einem weiteren Kommentar im *Tagesspiegel*, dass Herman nur den »banalen Anlass geliefert« habe, damit sich »jeder, der auf sie eindrischt (…) wie ein aktiver Anti-Nazi vorkommen darf – zum Nulltarif«.[11]

Broders Relativierung, ja Banalisierung der Herman-Geschichte, wurde von anderen Zeitungen geteilt[12] und stieß in vielen weiteren Zuschriften und Beiträgen im Internet auf begeisterte Zustimmung. Doch eine Zeitung fand den gesamten Vorgang ganz und gar nicht banal und komisch, sondern gefährlich. Und dies war die *Bild*-Zeitung, die der weiteren Diskussion eine andere Wendung gab.

38

»Sternstunde des Boulevardjournalismus«

Bild hatte zwar am Tag nach der *Kerner*-Show unter der Seite-eins-Überschrift »Kerner wirft Eva Herman aus dem Studio« ebenfalls von einem »Skandal im ZDF« gesprochen, hatte aber, anders als die meisten anderen Zeitungen, für diesen Eklat nicht Kerner, sondern Herman verantwortlich gemacht: »Eva Herman (48) provozierte gestern Abend bei Johannes B. Kerner mit neuen seltsamen Äußerungen über die Hitler-Zeit. Da warf Kerner sie aus der Sendung!«[13] In einem ausführlichen Artikel auf Seite vier brachte *Bild* das Autobahn-Zitat im vollen Wortlaut: »Aber es sind auch Autobahnen damals gebaut worden. Und wir fahren heute darauf« und wies auf ihre abschließende Bemerkung hin: »Ich muss einfach lernen, dass man über den Verlauf unserer Geschichte nicht reden kann, ohne in Gefahr zu geraten.« Darin sah *Bild* den eigentlichen Eklat.

Warum verhielt sich ausgerechnet die *Bild*-Zeitung kritischer und für die NS-Vergleiche sensibler als die meisten übrigen? Zunächst einmal, weil Eva Herman mit ihren Angriffen gegen die »gleichgeschaltete Presse«, die ihre Äußerung vom 6. September falsch wiedergegeben habe, vornehmlich *Bild* gemeint hatte, also faktisch suggeriert hatte, dass »*Bild* lügt«. So etwas lässt sich insbesondere die *Bild*-Zeitung ungern gefallen, zumal es in diesem Fall ungerechtfertigt war. *Bild am Sonntag* hatte den letzten Teil des Herman-Zitats vom 6. September verkürzt, nicht aber verfälscht.

Doch dies war nicht der einzige Grund, weshalb *Bild* Herman in der Ausgabe vom 11. Oktober unter der Überschrift »Ist Eva Herman braun oder nur doof« nach allen Regeln des Boulevardjournalismus fertigmachte.[14] Hinzu kam etwas anderes. Wie die übrigen Zeitungen und sonstigen Medien auch, die über den »Rauswurf« von Herman berichtet hatten, war *Bild* von einer Unmenge von Zuschriften geradezu überschwemmt worden.[15] Nicht alle, aber sehr viele waren für Herman und ihre Bemerkung über die Autobahn und meinten, dass es »gefährlich« sei, sie und die NS-Zeit generell zu loben.[16] Die Redaktion war entsetzt und reagierte, indem sie am 12. Oktober unter der Überschrift »Darum ist es so gefährlich, Hitlers Autobahn zu loben« ein fast ganzseitiges Interview mit mir brachte.[17] Eingeleitet wurde es durch den Redakteur Hans-Jörg Vehlewald mit folgender Bemerkung: »Bei Kerner wollte sich Herman die Argumente des Historikers Prof. Dr. Wolfgang Wippermann (62) nicht anhören. *Bild* fragte den Berliner Forscher: Was ist falsch an Hermans Thesen und ähnlichen Sprüchen über die Nazis?«

Tatsächlich ging es dann auch keineswegs nur um Hermans Thesen über Autobahnen, Familie, Frauen und darum, ob »man über den Verlauf unserer Geschichte nicht reden kann, ohne in Gefahr zu geraten«, sondern auch um einige andere »ähnliche Sprüche« wie: Im Dritten Reich gab es »keine Arbeitslosen«, »weniger Kriminalität«, der »Wirtschaft ging es (…) besser«, »das Böse haben nur Nazis und SS getan«, vom Holocaust habe man »nichts gewusst« und auch »nichts dagegen« tun können.

Damit wurden nicht nur die wichtigsten und zugleich widerlichsten Lügen und Legenden, sondern auch verschiedene Kontroversen über die NS-Zeit angesprochen, kurz ein Beitrag zu einem Historikerstreit geleistet, der durch ein Medienevent ausgelöst worden war. Ich möchte meine eigenen Bemerkungen und Richtigstellungen nicht wiederholen und schon gar nicht kommentieren, schließe mich aber voll und ganz der Meinung Stefan Niggemeiers an, der in seinem sonst äußerst kritischen *bildblog* von einer »Sternstunde des Boulevardjournalismus« gesprochen hat, weil in *Bild* ein »Stück Aufklärung« zu finden gewesen sei.[18]

Nach wie vor stimme ich dem zu und halte es für gut und richtig. Umso mehr war ich von den Angriffen betroffen, die in den Medien sowie über zahlreiche Zuschriften und Mails gegen mich gestartet wurden. Durch sie wurde ich in diesem Streit gewissermaßen zur Partei gemacht, weshalb ich es als sein Chronist auch für berechtigt halte, darauf exkursartig einzugehen.

40

»Fascho-Fachmann der Woche«

Zum »Fascho-Fachmann der Woche« ernannte mich Christian Rath in der *taz*, weil ich »medial stets zur Stelle« gewesen sei, »wenn es der Aufklärung deutscher Geschichte bedurfte«.[19] Das war keineswegs positiv gemeint und korrespondierte mit den eindeutig negativen Kommentaren zu meinem Auftreten bei Kerner und in der *Bild*-Zeitung, die mir in anderen Presseorganen, Blogs und Internetforen sowie in den Briefen und Mails begegneten, die an mich, aber auch an den Präsidenten meiner Universität gerichtet waren, in denen er aufgefordert wurde, mich umgehend zu entlassen.

Auf die vielen Beschimpfungen möchte ich nicht eingehen. Anders ist es mit den damit verbundenen offenen Drohungen. So kann man Begriffe wie »linke Ratte«, »Judenknecht« und »Volksschädling« zwar noch als bloße Verbalinjurien betrachten, doch wenn in diesem Zusammenhang davon gesprochen wurde, dass eine »Fallakte« über mich angelegt worden sei, weil ich als »Judenknecht« einer »volksschädlichen Interessengruppe« diene und schon mal auf das »Urteil« warten solle – dann ging das endgültig zu weit.[20]

Doch lassen wir das und kommen stattdessen auf die Inhalte zu sprechen. Häufig wurde mir vorgeworfen, das schon mehrmals erwähnte Herman-Zitat falsch wiedergegeben und Herman selbst daher zu Unrecht angegriffen zu haben. Dass dieser auch in einigen Printmedien geäußerte Vorwurf falsch ist, weil Herman sich nun einmal tatsächlich so verständlich gemacht hatte, konnte ich selbst einigen Journalisten offenbar nicht deutlich machen. Vor allem solchen nicht, die mich in die ganz linke Ecke gestellt,[21] als »68er« geoutet und verachtungsvoll als »Volkspädagoge« bezeichnet hatten. Sie hielten all das, was ich und einige andere gesagt und geschrieben hatten, schon deshalb für falsch, gefährlich und »volksschädlich«, weil es von Linken und 68ern stammte, hinter denen gewisse »Interessengruppen« stünden, mit denen im Zweifelsfall »die Juden« gemeint waren.[22]

Hinzu kamen viele zustimmende Bemerkungen bezüglich Eva Hermans Behauptungen über die »Autobahn« und die im Dritten Reich noch hochgehaltenen »Werte« wie Ehe, Familie, Mütter usw., wobei übrigens gerade die Stellung der Frau im nationalsozialistischen Rassenstaat vornehmlich gelobt wurde. Besonders großen Zuspruch fand schließlich ihr Hinweis auf die »gleichgeschaltete Presse« und weitere »Tabus«, weshalb man eben nicht offen über die NS-Zeit sprechen könne, ohne »in Gefahr zu geraten«. Letzteres wurde vor allem von eindeutigen Rechtsextremisten betont, was sie jedoch nicht davon abhielt, mich mit ihrem braunen Müll zu bombardieren.

Grundsätzlich war mir dies alles nicht vollkommen neu. Seitdem ich vor über dreißig Jahren damit begonnen habe, über die NS-Zeit zu forschen und die Forschungsergebnisse auch in der Öffentlichkeit vorzustellen, bekam ich, wie viele andere Kollegen auch, Zuschriften aus der rechten Ecke, insbesondere dann, wenn ich mich an zeithistorischen Kontroversen beteiligte. Vom »Historikerstreit« über die Goldhagen-Kontroverse und dem *Schwarzbuch des Kommunismus* bis hin zu den Debatten über Hohmann, Walser, Meisner und Mixa.[23] Auch zu diesen Gelegenheiten gab es jedes Mal viel Kritik und Beschimpfungen von rechts, doch nie zuvor in dieser Quantität und (rechts-)radikalen Offenheit wie jetzt. Natürlich weiß ich, dass der untersuchte Quellenkorpus nur eingeschränkt repräsentativ ist. Einen Schluss lässt er aber dennoch zu: Die Rechte machte mobil und nutzte die Herman-Kontroverse für ihre Zwecke.

»Freiheit für Herman«

Die DVU wollte am Samstag, den 13. Oktober unter dem Motto »Meinungsfreiheit für Eva Herman« eine Kundgebung vor dem Hamburger Rathaus veranstalten. Um sie zu verhindern, wurde eine Fraktionssitzung der Bürgerschaft einberufen, wodurch die Bannmeilenregelung in Kraft trat, die jegliches Demonstrieren in Parlamentsnähe verbietet.[24] Der Vorsitzende der konservativen Zentrumspartei und frühere Hamburger Innensenator, Dirk Nockemann, wollte sogar den direkten Kontakt mit Eva Herman aufgenommen haben und erklärte gegenüber der *Welt*: »Ich würde mich außerordentlich freuen, mit Frau Herman zusammenzuarbeiten.«[25]

Weitere Unterstützung fand Eva Herman in der rechtsradikalen Presse. Die *Junge Freiheit* verband dies mit einem Angriff auf die Linke, die Herman »mit unlauteren Mitteln« eine »Nazi-Falle« gestellt habe.[26] Daran könne man sehen, dass die Meinungsfreiheit in Deutschland bedroht sei. Wenn sich Rechtsradikale zu Anwälten der Meinungsfreiheit aufschwingen, wird es immer gleichermaßen grotesk wie gefährlich. Allerdings vermied es die *Junge Freiheit*, die Verantwortlichen für die angebliche Verschwörung gegen die Meinungsfreiheit zu benennen.[27]

Angesprochen fühlte sich der Zentralrat der Juden in Deutschland. Sein Generalsekretär erklärte gegenüber der *Netzeitung*, dass es nicht darum gehe, über Herman eine »braune Keule« zu schwingen, sondern darum, »krude Vergleiche mit einer angeblich ›erfolgreichen Familienpolitik des NS-Regimes‹« aus der Diskussion herauszuhalten. Mit ihren Bemerkungen über die »gleichgeschaltete Presse« und den Verweisen auf die »Autobahn« habe sich Herman »selbst entlarvt«.[28] Einige Tage später schloss sich auch die Präsidentin des Zentralrats der Juden in Deutschland, Charlotte Knobloch, den Herman-Kritikern an und wies in diesem Zusammenhang auf die Gefahren des Rechtsextremismus in Deutschland hin.

Doch auch diese Stellungnahme brachte Henryk M. Broder von seiner vorgefassten Meinung nicht ab, dass es hier doch nur um »Banalisierung und Instrumentalisierung der Nazis« gehe.[29] Charlotte Knobloch, die hier in einem Atemzug mit der (von Broder geradezu gehassten) Grünen-Politikerin Claudia Roth und dem katholischen Bischof Mixa erwähnt wurde, neige eben generell dazu, sich zu nichtigen Anlässen heftig zu äußern. Dabei stünde die »Intensität ihrer Wortmeldungen im umgekehrten Verhältnis zur Bedeutung des Anlasses«.

43

Broders Relativierungsthese wurde von der *Zeit* verteidigt[30] und von der *taz* bejubelt, Letzteres mit der offensichtlich lustig gemeinten Frage: »Sind Autobahnen gebauter Antisemitismus?« Edgar Dahl versuchte, diesen Humor noch zu toppen und erklärte: »Hatte ich bislang geglaubt, dass eine Autobahn einfach eine Autobahn sei, die weder gut noch schlecht sein könne, egal zu welchem Zweck sie gebaut wurde, weiß ich nun, dass die A5 rassenideologisch kontaminiert ist und ich mir besser einen nationalsozialistisch unverdächtigeren Beförderungsweg suchen sollte, um am Montag zur Arbeit zu gelangen.«[31]

Viel Beifall auch bei Rechten[32] fand nach wie vor Broders ironisch-abschätzige Bemerkung, dass die Debatte mit Herman in der *Kerner*-Show »eine der längsten Antifa-Sitzungen im öffentlich-rechtlichen Fernsehen« gewesen sei.[33] Diese »Narreteien« lenkten nur von den wirklichen Problemen und Gefahren ab, welche die Bedrohung Israels durch andere und auf jeden Fall nicht deutsche Antisemiten wie den iranischen Präsidenten Ahmadinedschad darstellten. Für *israel-network* scheint hierin die einzig wirkliche Gefahr zu liegen,[34] alles andere sei weniger drängend. Damit mussten auch unsere Rechtsradikalen gemeint sein, die sich so eifrig für Herman einsetzten und die Diskussion über sie zur Plattform machten, um ihre rechtsradikalen Meinungen unters Volk zu bringen. Das wurde aber schließlich doch erkannt, allerdings nur von einigen und noch dazu mit einer bemerkenswerten Verspätung.[35]

»In die rechtsextreme Ecke gequatscht«

Mit ihren Aussagen über die »Autobahn« und das Mutterideal der Nazis habe sich Eva Herman »in die rechtsextreme Ecke gequatscht« hatte Lutz Kinkel in seinem schon am 10. Oktober veröffentlichten Kommentar über den »tölpelhaften Medienauftritt« der »Bänkelsängerin der neuen Mutterschaft« festgestellt.[36] Die Illustrierte *stern*, in der dieser Artikel erschienen war, widmete Herman eine Titelgeschichte, in der man nicht

44

ein einziges gutes Haar an ihr ließ. Außerdem veröffentlichte der *stern* die Ergebnisse einer von ihm in Auftrag gegebenen Umfrage des Forsa-Instituts.[37]

Danach waren 25 Prozent der insgesamt mehr als eintausend Befragten der Meinung, dass »im Dritten Reich nicht alles schlecht gewesen« sei.[38] Als positive Beispiele wurden neben der unvermeidlichen Autobahn auch die Förderung der Familie genannt. Aufschlussreich an dieser Umfrage ist ein weiteres Detail: Die Zustimmungsbereitschaft war unter den älteren und jüngeren am höchsten, bei den zwischen 45- und 59-Jährigen dagegen am geringsten. Bei Letzteren handelt es sich um diejenigen, die von der 68er-Bewegung am intensivsten beeinflusst waren oder selbst noch zu den 68ern zu zählen sind.

Schließlich ist darauf hinzuweisen, dass der prozentuale Anteil der Autobahn-Fans genauso hoch ist wie die rechtsextreme Einstellungsbereitschaft. Ob hier eine unmittelbare Korrelation besteht, lässt sich aber nicht mit Sicherheit sagen. Nach »Hitlers Autobahn« haben die Rechtsextremismusforscher hierzulande schon lange nicht mehr gefragt. Möglicherweise werden sie durch die infolge des Herman-Skandals provozierte Forsa-Umfrage eines besseren belehrt.

Das Ergebnis dieser Umfrage und vor allem auch die vielen Zuschriften häufig rechtsextremistischen Inhalts mussten jedoch auch einige Linke an ihrer bisherigen Einschätzung zweifeln lassen, wonach es sich doch nur um banales und von den wahren islamistischen Gefahren ablenkendes Medienereignis handele.

Ein gewisser Sebastian zitierte in *Alarmschrei.de* zwar Broders abwiegelnde Bemerkung über den »virtuellen Raum des wohlfeilen Widerstands«, zeigte sich aber von den »begeisterten Reaktionen mehrerer rechter und rechtsextremer Parteien« einigermaßen erschrocken, um abschließend richtig zu bemerken, dass Herman ganz offensichtlich einen rechtsextremen »Nerv« getroffen habe, der »nicht so schnell wieder verstummen« werde.[39]

Hermann L. Gremliza stellte in *konkret* fest, dass das »gesunde Volksempfinden« in Herman eine »helle Stimme gefunden« habe.[40] Dies war stilistisch leicht verunglückt, doch inhaltlich meinte Gremliza offensichtlich den Faschismus, der in der heutigen Politologensprache unter dem Begriff »Rechtsextremismus« firmiere.

Martin Krauß wies im *Freitag* darauf hin, Eva Herman habe sich schon früher über den Nationalsozialismus »unbedarft und kenntnisfrei« geäußert.[41] Daher werde sie wohl kaum die »Planstelle des führenden deutschen Rechtsintellektuellen« besetzen, sondern verkünde nur das »Programm des Antiintellektualismus«, wofür sie von »rechtskatholischen Zirkeln bejubelt« werde. Dass sich inzwischen keineswegs nur »Rechtsintellektuelle« und »Rechtskatholiken« in die Debatte eingemischt hatten, war Krauß augenscheinlich entgangen.

Werner Pirker sprach in der *jungen Welt* zwar von Faschismus, vermisste aber Dimitrow bzw. die ihm zugeschriebene Faschismusdefinition und zeigte sich bestürzt darüber, dass der »Zusammenhang zwischen bürgerlicher Gesellschaft und Faschismus« nicht erwähnt worden sei.[42] Diese Schlussfolgerung war am wenigsten von Eva Herman gezogen worden, von der Pirker nur »Gestammel« gehört haben will, was ihn aber nicht davon abhielt, von »Heiliger Inquisition« zu sprechen und die *Kerner-* als »Horrorshow der Political Correctness« zu bezeichnen.[43] Das las sich zwar ziemlich verquast, ging aber grundsätzlich in die richtige Richtung.

Die übrigen linken Blätter hüllten sich entweder, wie *Jungle World*, in Schweigen oder spielten die nun unverkennbare »Verharmlosung des Nationalsozialismus« herunter, weil es hier nicht um den »politischen Islam« ging.[44] Clemens Heni erkannte und kritisierte dies scharf. Unter namentlicher Nennung Broders[45] und dessen »spaßigen« Bemerkungen[46] über die »öffentlich-rechtliche Antifa« erklärte Heni: »Wer heute glaubt, die Neue Rechte links überholen zu können und den NS zu verharmlosen, um nur so gegen den Djihad aktiv werden zu können, täuscht sich gewaltig.« Wer über den »verbrecherischen Alltag des Nationalsozialismus nicht mehr reden möchte« bzw. das ihn verharmlosende Gerede nicht störe, der

46

»sollte vom politischen Islam« schweigen. Denn, so Heni weiter, wenn »20 Millionen Deutsche[47] (…) offen zugeben, dass sie ›gute Seiten im Nationalsozialismus‹ sehen«, dann läge darin auch »eine breite Basis für jede Form von Judenhass«.

Wie recht Heni mit der Befürchtung hatte, dass unter denen, die wie Eva Herman selbst der Meinung waren, es sei auch etwas »gut« im Dritten Reich gewesen, auch viele Antisemiten waren, wird im dritten Kapitel noch zu zeigen sein; an dieser Stelle ist zunächst noch auf ein zusätzliches relativierendes Argument einzugehen.

»Schall und Rauch«?

Alles sei nur »Schall und Rauch« gewesen, weil »Talkshows« eben »keine Auswirkungen auf das Geschichtsbewusstsein« hätten, meinte Harald Welzer in einem Gespräch mit der Illustrierten *stern* über den »jüngsten Herman-Aufruhr«.[48] Außerdem sei der »Nationalsozialismus (…) vollständig aufgeklärt«, seine »Geschichte« sei »transparent«, und es gebe hier auch keine »Tabus« mehr.

Diesen Einschätzungen Welzers, der übrigens kein NS-Experte ist und sich auch nicht mit den geschichtspolitischen Kontroversen über ihn beschäftigt hat,[49] kann ich aus mehreren Gründen nicht folgen. Auf der einen Seite kann gar keine Rede davon sein, dass der Nationalsozialismus vollständig aufgeklärt ist. Auf der anderen Seite ist seine Geschichte keineswegs transparent im Sinne von geklärt und gelöst. In den nicht abreißenden öffentlichen Diskussionen und Historikerstreiten geht es gerade darum, Erkenntnisse der Forschung entweder ganz zu negieren oder zumindest zu bestreiten, wobei angebliche Tabus aufgegriffen werden, durch die ein solches Negieren und Infragestellen verhindert werde. All dies traf, wie schon die bisherige Analyse gezeigt hat, in der Diskussion über die Thesen Hermans zu, die mit Sicherheit mehr war als nur ein »Herman-Aufruhr«.

Ob und welche Auswirkungen dieser Historikerstreit auf das Geschichtsbewusstsein haben wird, kann natürlich heute noch nicht vorausgesagt werden, doch eines ist sicher: Es war kein bloßes Medienevent, das wie »Schall und Rauch« vergehen wird. Dafür spricht allein schon das quantitative Moment des, wie ich formuliere, »Historikerstreits der schweigenden Mehrheit«. Haben sich an ihm doch keineswegs nur einige tatsächliche oder vermeintliche Meinungsmacher, sondern wahrhafte Massen beteiligt.

Die *Kerner*-Show selbst ist nicht nur direkt von 2,65 Millionen, sondern zusätzlich noch von ungezählten weiteren Zuschauern nachträglich über Aufzeichnungen gesehen worden, um im Anschluss intensiv diskutiert zu werden.[50] Die an der Talkshow Beteiligten erhielten zahlreiche Telefonate, Briefe und Mails. Eva Herman allein will 20000 Zuschriften erhalten haben, von denen die meisten positiv und zustimmend gewesen sein sollen. Die an die anderen Diskutanten und an mich eingegangenen Zuschriften waren dagegen überwiegend negativ und zum Teil enthielten sie regelrechte Bedrohungen.[51]

Sowohl die Fernsehstationen als auch die regionalen und überregionalen Printmedien wurden mit Briefen und Mails geradezu überschüttet,[52] was sie eigens veranlasste, Foren im Internet einzurichten, über die die Zuschauer und Leser ihre Meinung kundtun konnten. Das Resultat fiel wiederum meist pro Herman und gegen die übrigen Teilnehmer an der Talkshow aus.[53]

Hinzu kamen die schon bestehenden und einige weitere extra zu diesem Zweck eingerichtete Blogs.[54] Auch hier ging es zunächst und vor allem um die »öffentliche Hinrichtung« Hermans durch die »schmierige Kerner-Inszenierung«,[55] was die weitaus meisten Diskutanten bestätigten und zu weiteren scharfen Angriffen auf Kerner sowie die anderen Beteiligten der Talkrunde animierte. Dies übrigens auch von Teilnehmern an Diskussionen über Herman-kritische Beiträge.[56] In einigen Blogs wurden nämlich bewusst Kritiken von Herman an den Anfang gestellt, um die Diskutanten dann zu entsprechenden boshaften und rechten Reaktionen aufzufordern.[57] Die hasserfüllte Verurteilung des »Schauprozesses vor laufender Kamera bei Johannes B. Kerner« veranlasste dann viele Teilnehmer, ihren Hass gegen »die da oben«, »die Linken« und auch »die Juden« herauszuschreien.[58]

Die bloße Quantität schlug dabei in eine neue Qualität um. Gemeint ist an erster Stelle die Offenheit, mit der die Diskutanten in diesem halböffentlichen Medium[59] ihre Meinung zum besten gaben. Hinzu kommt die offene Frontstellung gegen vermeintliche Meinungsmacher und den Mainstream, wobei sich die Angreifer als Vertreter und Repräsentanten der »Mehrheit der Deutschen« ausgaben, die hier die »Meinung des Volkes« wiedergeben würden. Hier meldete sich jedoch die schweigende Mehrheit unumwunden zu Wort, in den rechten Blogs als negatives und rechtes Korrektiv zu den öffentlichen Medien. Von einem kritischen Graswurzeljournalismus kann zumindest bei diesen Blogs und in diesem (Herman-)Fall nicht die Rede sein.[60]

In der Diskussion selbst kam es zwar zu verschiedenen thematischen Abschweifungen und Verselbständigungen,[61] doch im Kern ging es immer um Hitler und den Nationalsozialismus und seine Verhandlung in der Gegenwart, also um einen Historikerstreit, der von der schweigenden Mehrheit gewissermaßen parallel zur öffentlichen Diskussion geführt wurde. Auf seine genaueren Inhalte und Streitpunkte wird noch näher einzugehen sein. Hier soll der Hinweis genügen, dass all dies kein unbedeutender und folgenloser »Schall und Rauch« gewesen ist. Außerdem schlief auch die Auseinandersetzung mit den Thesen Eva Hermans keineswegs ein, sondern wird bis in die Gegenwart fortgesetzt, teilweise allerdings in anderen Kontexten und Zusammenhängen.

»Bildungsfreies Geschwätz«

Ende Oktober rief der letztjährige Büchner-Preisträger Martin Mosebach Kritik hervor, weil er die Rede des Jakobiners Saint-Just in Büchners *Dantons Tod* mit der des Reichsführers-SS Heinrich Himmler in Posen 1942 verglichen hatte,[62] ausgerechnet in seiner Rede zum Büchner-Preis. Natürlich stieß das auf Widerspruch. Dabei war die von Mosebach gezogene Verbindungslinie zwischen Jakobinern und Nationalsozialisten alles andere als neu. Schon 1948 hatte der konservative Historiker Gerhard Ritter in seiner Kontroverse mit Friedrich Meinecke auf die Französische Revolution als den wahren Ursprung des Nationalsozialismus verwiesen.[63] Diese konservative Deutung des Nationalsozialismus, mit der zugleich der Konservativismus vom Vorwurf der Komplizenschaft mit dem Faschismus freigesprochen wird, ist dann zwar zurückgedrängt worden, doch vergessen war sie nie. Heute ist sie vor allem im Feuilleton der *FAZ* wieder zu lesen.

Empört über Mosebachs Rede titelte die *FAZ*: »Saint-Just. Büchner. Himmler«. Sie ließ den inzwischen sehr konservativ gewordenen Historiker Heinrich August Winkler zu Wort kommen, der auf den »gewaltigen Unterschied« zwischen der »Perversion der Aufklärung« im »Terreur« (der Französischen Revolution) und dem Kampf gegen die Aufklärung des »nationalsozialistischen Judenmords« hinwies und Mosebach »Geschichtsklitterung« im reaktionären Sinne vorwarf. Der Ex-Linke Christian Semler, der sonst keine Gelegenheit auslässt, um auf seine vormaligen Genossen einzuhauen, pflichtete Winkler in der *taz* bei.

Sowohl Winkler wie Semler gingen in der Diskussion über Mosebachs »Fehlvergleich« aber nicht auf die Kontroverse über Eva Hermans NS-Vergleiche ein. Das taten andere. So Peter Michalzik in der *Frankfurter Rundschau*, der gleichzeitig auch noch auf die umstrittenen Äußerungen Kardinal Meisners und Bischof Mixas aufmerksam machte. Alexander Gauland wand-

50

te sich dagegen im *Tagesspiegel* »wider das Moralisieren« und verteidigte sowohl Mosebach als auch Herman: »Man mag von Eva Hermans intellektuellen Fähigkeiten und ihrer Einschätzung der Familienpolitik zwischen 1933 und 1945 halten, was man will, ihr Ausschluss aus einer öffentlichen Fernsehdiskussion war ein Armutszeugnis für den Anspruch, ihr zu widersprechen und sie zu korrigieren.«[64] Sven Kellerhoff griff in *Welt online* Semlers und Winklers Mosebach-Kritik an, weil dieser Saint-Just und Himmler keineswegs gleichgesetzt habe. Das hieße, »Mosebach und seine Rede gleichzusetzen mit Eva Herman und ihrem bildungsfreien Geschwätz über Hitlers Autobahn«.[65]

»Steigerung von Eva Herman«

Zu weiteren Reaktionen auf die Herman-Diskussion kam es Anfang November 2007. Anlass war das Interview, das Michel Friedman mit dem Holocaustleugner und Rechtsextremisten Horst Mahler geführt hatte, welches von verschiedenen Kommentatoren scharf kritisiert worden war. Vor allem wiederum von Henryk M. Broder, der mit Friedman in einer innigen Feindschaft verbunden ist. Der Auschwitzüberlebende und, was hier wieder einmal nicht erwähnt wurde, bedeutende Historiker des jüdischen Widerstands, Arno Lustiger, stellte schließlich am 9. November 2007 sogar Strafanzeige gegen Friedman bzw. das Magazin *Vanity Fair*, in dem Friedman Teile des Mahler-Interviews veröffentlicht hatte.[66] Für das *minidiscforum* war all das Anlass genug, eine Diskussion über die »Steigerung von Eva Herman … Horst Mahler« zu veranstalten.[67]

Ähnliches geschah im *basketball*-Blog. Doch hier stand nicht Herman oder Mahler, sondern Michel Friedman im Mittelpunkt der Diskussion.[68] Friedman, der 2003 aufgrund seines persönlichen moralischen Fehlverhaltens[69] seinen Posten als vielbeachteter Moderator der Sendung *Vorsicht! Friedman* im Hessischen Rundfunk verloren hatte und jetzt für den kleinen Privatsender 13th Street arbeitet, hatte schon im September 2007 versucht, Eva Herman zur Diskussion mit ihm einzuladen, was diese aber abgelehnt hatte. Sein Versuch, mit dem Mahler-Interview in die Herman-Kontroverse einzusteigen und sich wieder ins Gespräch zu bringen, bekam ihm selbst gar nicht gut. Seine meist mehr oder minder antisemitisch gesonnenen Feinde hatten nämlich ihr schon etwas entbehrtes Feindbild schleunigst wieder aufgerufen.[70]

Unter Anspielung auf Friedmans einstige Position als stellvertretender Vorsitzender des Zentralrats der Juden in Deutschland hieß es mit Verweis auf die Herman-Debatte: »Deutsche müssen sich heute keine Belehrungen aus dem Kreis des Zentralrats der Juden hinsichtlich so mancherlei Sachen mehr anhören.«[71] In einem anderen Beitrag wurde ebenso triumphierend wie drohend festgestellt: »Friedman ist Jude.« Daran schloss sich die Mahnung an »die Juden« an, mit denen »die Deutschen« ein »Problem« hätten – die »deutsche Geschichte 1933 bis 1945«. Der übrigens selbst aus Serbien stammende Diskutant wünschte sich, »dass sich einige meiner Landsmänner, die alteingesessene Deutsche sind, sich trauen, das zu sagen, was sie sonst nur hinter vorgehaltener Hand zu flüstern wagen«.

»Nazometer«

Tatsächlich zeigte die gesamte Diskussion die Einstellung vieler Deutscher zum Nationalsozialismus an – war also ein »Nazometer«. Diesen schönen Begriff führte Harald Schmidt gemeinsam mit seinem neuen Kompagnon Oliver Pocher Anfang November in die deutsche Sprache ein. Gemeint war aber etwas anderes, nämlich ein für ihre ARD-Show hergestelltes Gerät, das bei Begriffen wie Duschen, Gasherd und Autobahn heftig ausschlägt. Anregung dazu wollen Schmidt und Pocher nach eigenen Aussagen durch Eva Hermans Auftritt bei Johannes B. Kerner erhalten haben. Der Witz mit dem »Nazometer« wurde in mehreren Sendungen wiederholt und geriet damit zum Running Gag, der sich selbst verbrauchte.[72]

In der *Bild*-Zeitung wurden Schmidts und Pochers »Nazisprüche« als »grenzwertig« bezeichnet.[73] Für den Programmdirektor der ARD, Günter Struve, hielt sich diese »Satire« jedoch noch in den »Grenzen des politisch Erträglichen«. Nicht so für einige Betroffene, wenn man sie so bezeichnen will. Der Vizepräsident des Zentralrats der Juden in Deutschland, Salomon Korn, zeigte sich »entsetzt«, weil es an der »mörderischen Politik des Nationalsozialismus (...) nichts Witziges« gebe. Sein Kollege, der schon mehrfach erwähnte Dieter Graumann, erklärt gar: »Wenn man, wie ich, aus einer Familie kommt, in der die Großeltern in der Gaskammer ermordet wurden, und ich jetzt in Deutschland erleben muss, dass in Deutschland diese Gaskammern als Kulisse für billige Kalauer gebraucht werden, dann bin ich empört und schockiert. Wie geschmacklos und verroht muss man sein, den Massenmord als Gagnummer zu benutzen?«

Das war unzweifelhaft eine Überreaktion, die selbst etwas verbraucht wirkte, weil es in den Medien schon lange Usus ist, Witze über Hitler und selbst über den Holocaust zu machen. Über ihren Geschmack kann man streiten, doch das ist meines Erachtens nicht derart dramatisch wie die augenblicklich im Fernsehen um sich greifende Trivialisierung der NS-Zeit durch Guido Knopp und Co. Die Kommerzialisierung von Hitler und Holocaust ist im Zeichen der Globalisierung zudem keine deutsche Eigentümlichkeit. »*Hitler sells*« und »*There is no business than Shoa business*« sagen die darüber durchaus noch »*amused*« Engländer – von den US-Amerikanern und ihrer »Holywoodisierung« Hitlers ganz zu schweigen. Dass diese Verkitschung auch eine schreckliche, ja tödliche Kehrseite hat, ist schon vor über 20 Jahren in Saul Friedländers meisterhaftem Essay *Kitsch und Tod* gezeigt worden.[74]

Der von Friedländer beschriebene und mit scharfen, aber durchaus berechtigten Worten kritisierte »Widerschein des Nazismus« tauchte jedoch auch beim »Nazometer«-Gag wieder auf. In dem vom ZDF eingerichteten *Forum: Johannes B. Kerner* meinte »oernmaster« am 29.10.2007: »Das in der Sendung dargestellte Nazometer ist genau das, was hier viele Menschen denken. Es werden Denk- und Redeverbote in einer eigentlich offenen und freien Gesellschaft ausgesprochen.« Dies habe der »normale Bürger« schon »längst begriffen«. Und dann heißt es geradezu drohend: »Wir alle hoffen, dass sie (gemeint ist die »Kultur- und Denkelite«; Anm. d. Verf.) es nun endlich begriffen hat.«[75] Hier war sie wieder, die sonst schweigende oder »nur hinter vorgehaltener Hand« flüsternde Mehrheit, die sich gegen die redende Elite wandte.

Von der redenden bzw. schreibenden Elite wurde sie jedoch entweder gar nicht oder höchst despektierlich zur Kenntnis genommen.[76] Jens Jessen erregte sich in der *Zeit* über die »Medien«, die »Tabubruch« betreiben und »von der Empörung darüber« leben würden.[77] Jessen empfand es als »Heuchelei (...), dass die Empörung über nazihafte Entgleisungen im Allgemeinen nicht nur spontan aufflammt, sondern auch gesucht, eigens inszeniert und schaudernd genossen wird«. Damit meinte er jedoch nicht nur Harald Schmidts »Nazometer«, sondern auch die Einladung der »Familienaktivistin Eva Herman« durch den »Talkmaster Johannes B. Kerner«. Kerner habe doch wissen müssen, dass Herman den »gebotenen Abstand nicht kontrollieren« könne – das heißt also, den »Tabubruch« bewusst provoziert zu haben.

Nach der mehr als eigenwilligen Logik Jessens, der offensichtlich vergessen hat, dass er sich selbst in einem Medium äußerte, sollen sich die Medien offensichtlich nicht mit NS-nahen Personen und Themen beschäftigen, weil das nur zu Tabubrüchen führe. Außerdem scheint Jessen der Meinung zu sein, es sei nicht wert gewesen, sich über Harald Schmidts »Nazometer« und Eva Hermans NS-Vergleiche aufzuregen. Wenn er sich da mal nicht irrt. Die Aufregung wird weitergehen.

Auch Eva Herman selbst bleibt uns erhalten. Nach kurzer öffentlicher Abstinenz gab sie am 24. Oktober dem Deutschlandfunk ein Interview, in dem sie sich noch einmal gegen ihre

Verteufelung im medialen Establishment wandte und erneut starrsinnig behauptete, dass sie nicht gesagt habe, was sie unumstößlich von sich gegeben hatte.[78] Ende Oktober las sie aus ihrem neuen Buch vor einem begeisterten Publikum im vogtländischen Plauen.[79] Am 21. November 2007 meldete der »katholische Nachrichtendienst«, dass Eva Herman zum 3. Internationalen Kongress Treffpunkt Weltkirche eingeladen ist, der vom 11. bis 13. April 2008 in Augsburg stattfinden wird.[80] Schirmherr dieses Kongresses wird, wie könnte es anders sein, der Bischof von Augsburg, Walter Mixa, sein. Kommen und wie Herman ebenfalls im »Familienprogramm« referieren wird die ebenfalls einschlägig bekannte Christa Meves. »Heilige Messen und gemeinsame Gebete sollen dem ›Treffpunkt Weltkirche‹ Tiefe geben und den Teilnehmern ermöglichen, die Tage auch zur persönlichen Einkehr zu nutzen.« Na dann – auf nach Augsburg!

1 Markus Ehrenberg, Lisa Wandt und Sonja Pohlmann: »Einstürzende Elbbrücken. Viel Aufregung um Kerners Talk, einen gebetenen Gast und einen Rauswurf«. In: *Der Tagesspiegel*, 11.10.2007.

2 Nach *Bild*-Zeitung vom 10.10.2007.

3 Bellut veröffentlicht am 26.10.2007 noch einmal eine ausführliche »Stellungnahme des Programmdirektors« auf der Internetseite des ZDF.

4 Jörg Thomann: »Wie Eva Herman den Fernsehtod starb«. In: *FAZ. net*, 10.10.2007.

5 Andreas Zielcke: »Unredliche Selbstgerechtigkeit«. In: *Süddeutsche Zeitung*, 11.10.2007.

6 Dazu auch den Artikel »*Süddeutsche Zeitung* beleidigt Johannes B. Kerner«. In: *Bild*, 12.10.2007.

7 Übrigens wurde er meist wegen seiner Werbung für eine Wurstmarke als Johannes »Gutfried« Kerner bezeichnet.

8 »Pressestimmen: ›Eva Herman wurde geschlachtet‹«. In: *Focus online*, 11.10.2007.

9 So im *Kölner Stadtanzeiger* und in der *Welt*. Vgl. die Pressesammlung in *Netzeitung.de* vom 11.10.2007 und die Presseschau von Parvin Sadigh: »Wer hat sich mehr blamiert?« In: *Zeit online*, 11.10.2007.

10 Henryk M. Broder: »Der programmierte Eklat«. In: *Spiegel online*, 10.10.2007.

11 Henryk M. Broder: »Moral zum Nulltarif«. In: *Tagesspiegel online*, 10.10.2007. In seinem *Spiegel-online*-Artikel hatte es zudem geheißen: »Es ist ein Antifaschismus, der sich von seinem eigentlichen Gegenstand längst verabschiedet hat und dort am besten gedeiht, wo es keinen Faschismus gibt: in einem virtuellen Raum des wohlfeilen Widerstands.«

12 *taz.de* juxte am 11.10.2007: »Sind Autobahnen gebauter Antisemitismus? – Pfui!«

13 In: *Bild*, 10.10.2007.

14 Am 13.10.2007 folgte dann der journalistische Todesstoß, indem *Bild* auf Hermans bewegtes Ehe- und Privatleben verwies. Das aber möchte ich nicht weiter kommentieren.

15 So bereits die Vermutung von Stefan Niggemeier in *bildblog.de*, 18.10.2007.

16 Einige wurden in der *Bild*-Ausgabe vom 11.10.2007 abgedruckt, ebenso Auszüge aus dem *Spiegel-online*-Artikel Henryk M. Broders unter der Überschrift »›Tribunal‹ statt ›Plauderstunde‹«.

17 »Darum ist es so gefährlich, Hitlers Autobahn zu loben«. In: *Bild*, 12.10.2007.

18 Stefan Niggemeier: »*Bild* erinnert an Hitlers Autobahn«. In: *bildblog.de*, 12.10.2007.

19 »Leute der Woche«. In: *taz*, 14.10.2007. Spaniens Premier José Rodríguez Zapatero wurde übrigens gleichzeitig zum »Wiedergutmacher der Woche« ernannt, weil er ein »neues Gesetz« vorgelegt hatte, »das mit der faschistischen Vergangenheit Spaniens aufräumen will«. Diese vollkommen unpassende Bemerkung möchte ich nicht kommentieren.

20 In anonymen Briefen und Telefonaten wurden mir und auch meiner Frau noch schrecklichere Dinge angedroht. Ab hier wurde es kriminell.

21 Dies meist unter Verwendung einiger völlig aus dem Zusammen-

hang gerissenen Zitate, die in einem inzwischen revidierten Eintrag über mich bei *Wikipedia* zu finden waren.

22 In einigen Briefen geschah dies ganz offen, in Blogs und Internetforen war es durch eine kontextbezogene Diskursanalyse herauszulesen.

23 Die entsprechenden Veröffentlichungen sind im Literaturverzeichnis aufgeführt.

24 Diese zuerst von *Bild* am 11.10.2007 gebrachte Meldung ist auch von einigen anderen Zeitungen übernommen worden. Ob sie zutrifft, konnte nicht eruiert werden.

25 Nach *actionpress,* 15.10.2007.

26 Moritz Schwarz: »Erledigt mit unlauteren Mitteln«. In: *Junge Freiheit,* 19.10.2007. Die *Junge Freiheit* ließ hier den Kulturchef des Schweizer Wochenmagazins *Die Weltwoche,* Peer Teuwsen, zu Wort kommen.

27 Zu den in diesem Zusammenhang immer wieder vertretenen Verschwörungsideologien meist antisemitischen Inhalts siehe die Analyse in Kapitel 3.

28 In: *Netzeitung,* 11.10.2007.

29 Henryk M. Broder: »Der Reichsparteitag der Guten findet in einem Wasserglas statt«. In: *Tagesspiegel online,* 24.10.2007.

30 Parvin Sadigh: »Wer hat sich mehr blamiert?« In: *Zeit online,* 11.10.2007.

31 Diese und weitere Zitate dieser Art aus dem noch zu würdigenden Artikel von Clemens Heni: »Entweder Broder«. In: *Die Achse des Guten,* 25.10.2007.

32 So im rechtskatholischen *kath.net* vom 12.10.2007, das Broders Antifa-Schelte zum Anlass nahm, um sich über den allgemeinen »Tugendterror der politischen Korrektheit« aufzuregen. Gelobt wurde der, wie es hieß, »jüdische Berufs-Zyniker Henryk M. Broder« auch in der rechtsextremistischen *National-Zeitung* vom 19.10.2007.

33 Broder: »Der programmierte Eklat«. Ähnlich auch: Thomas Tuma: »Hermans Schlacht«. In: *Spiegel,* Nr. 42/2007.

34 »Johannes B. Kerner: Hitlers Autobahn geht nicht«. In: *israel-network,* 16.11.2007.

35 Scharfe Kritik an dem »Das-Dritte-Reich-war-gar-nicht-so-schlecht«-Gerede allerdings schon von Carin Pawlak: »Dumm sind Sie nicht, Eva Herman«. In: *Focus Fernseh-Club,* 9.10.2007.

36 Lutz Kinkel: »Mein Gott, Eva!« In: *stern.de*, 10.10. 2007.

37 Zusammenfassung auch von Maike Jansen: »Kerner und der Schatten Eva Hermans«. In: *Welt online*, 17.10.2007.

38 Eine im Februar 2007 von der Bertelsmann Stiftung durchgeführte Umfrage hatte ergeben, dass 40 Prozent der Deutschen der Meinung waren, »dass der Nationalsozialismus auch gute Seiten« gehabt habe.

39 Sebastian: »Nimm dir 'n Keks, Kerner. Oder: Noch mehr Eva-Herman-Content.« In: *Alarmschrei.de*, 12.10.2007.

40 Hermann L. Gremliza: »Von Adolf und Eva«. In: *konkret*, Nr. 11/2007.

41 Martin Krauß: »Garverfahren. Einige Mutmaßungen über die Rolle Eva Hermans«. In: *Freitag*, Nr. 42/2007.

42 Werner Pirker: »Der Schwarze Kanal: Heilige Inquisition«. In: *junge Welt*, 13.10.2007.

43 Mir wurde vorgeworfen, in der *Kerner*-Show auf die Unterschiede zwischen »Faschismus und Konservativismus« hingewiesen zu haben. Damit hätte ich besagten »Zusammenhang zwischen bürgerlicher Gesellschaft und Faschismus« missachtet und eine »Trennlinie zwischen normaler bürgerlicher Herrschaft und ihrer Ausgeburt« gezogen. Doch so ist es: Faschismus ist viel mehr und schon gar nicht die normale Form »bürgerlicher Herrschaft«.

44 Clemens Heni: »Entweder Broder«. In: *Die Achse des Guten*, 25.10.2007.

45 Heni wies in diesem Zusammenhang darauf hin, dass Broder auf einer Podiumsdiskussion in Berlin gesagt habe, der heutige Iran sei »noch schlimmer« als der NS, weil das Ayatollah-Regime schon 27 Jahre existiere, während das Dritte Reich bekanntlich »12 Jahre« gedauert habe.

46 Auch den folgenden Satz bezog Heni auf Broder: »Wer meint, mit der Geschichte des NS Späßchen zu treiben, hat wenig kapiert und die Zeichen der Zeit nicht erkannt.«

47 Mit diesen »20 Millionen Deutschen« waren die 25 Prozent gemeint, die nach der Forsa-Umfrage dem Satz zugestimmt haben, dass »im Dritten Reich nicht alles schlecht gewesen« sei.

48 »Nazi-Karte sichert Aufmerksamkeit«. In: *stern.de*, 10.10.2007. Harald Welzer konzedierte zwar, dass »Personen des öffentlichen Lebens«, zu denen Eva Herman nun einmal gehöre, »keinen Blödsinn

in Bezug auf die NS-Zeit aussprechen« dürften, »ohne einen auf den Deckel zu bekommen«, hielt jedoch mehr die »Einladung von Frau Herman« für das »Problem«, weil sie »ein so großes Forum überhaupt nicht verdient« habe.

49 Im *stern* wurde er als »Erinnerungsforscher« vorgestellt, der durch seine Interviewstudie (mit Sabine Moller und Karoline Tschugnell) *»Opa war kein Nazi«. Nationalsozialismus und Holocaust im Familiengedächtnis* (Frankfurt am Main 2002) bekannt geworden ist, in der er festgestellt hat, dass Enkel dazu neigen, das Verhalten ihrer Großväter zu verklären.

50 Der von *YouTube* angebotene Mitschnitt soll das meistgesehene und meistdiskutierte Video gewesen sein. Dies und das Folgende nach: *myblog.de/kewil,* ab dem 9.9.2007.

51 So vor allem an Margarethe Schreinemakers, laut deren mündlicher Mitteilung.

52 Das ZDF soll auch etwa 20000 Zuschriften erhalten haben. Wie schon erwähnt, sind mir etwa 2000 der an die *Bild*-Zeitung gerichteten Leserbriefe zugänglich gemacht worden.

53 Ausnahmen sind die von der liberalen *Frankfurter Rundschau* und der Frauenzeitschrift *Constanze* eingerichteten Foren. Hier gab es auch viel Kritik an Herman.

54 Ich habe etwa 30 gezählt und die meisten von ihnen eingesehen und inhaltlich ausgewertet.

55 *myblog.de/kewil,* ab dem 9.9.2007.

56 »Eva Herman, schweige still«. In: *my.fdp*, 9.9.2007.

57 »Herrschaft des Verdachts. Carin Pawlak über Eva Herman in *Stürmer*-Manier«. In: *Institut für Staatspolitik*, 10.10.2007.

58 Besonders übel und offen in *Politblog.net* und in *Altermedia.info* und einigen anderen rechten Blogs.

59 In Deutschland werden die Blogs zu den »Telemedien« gerechnet, weshalb sie den gleichen rechtlichen Regeln und Kontrollen wie journalistisch-redaktionelle Medien unterliegen.

60 Damit ist natürlich kein grundsätzlich negatives Urteil über die neue Blog-Kultur verbunden. Dass sie aber in diesem Fall so eindeutig von den Rechten instrumentalisiert werden konnte, ist des Nachdenkens wert und sollte Konsequenzen zeitigen.

61 Teilweise wurden in Blogs über den Fall Herman Diskussionen geführt, die einen ganz anderen Ausgangspunkt hatten. So im »Treffpunkt«: *Echo online* vom 11.10.2007, wo es eigentlich um das beschlossene Rauchverbot ging. Vom Rauchverbot kam man dann zur allgemeinen »Political Correctness« und schließlich zur »Moralkeule Nationalsozialismus«, die auf Eva Herman niedergegangen sei.

62 Dazu und im Folgenden Wolfram Schütte: »Katholik: 1 x vom Teufel geritten«. In: *Titel-Magazin. Literatur und mehr*, 7.11. 2007.

63 Gerhard Ritter: *Europa und die deutsche Frage. Betrachtungen über die geschichtliche Eigenart des deutschen Staatsdenkens*. München 1948. Vgl. dazu und zur Meinecke-Ritter-Kontroverse Wolfgang Wippermann: »›Deutsche Katastrophe‹. Meinecke, Ritter und der erste deutsche Historikerstreit«. In: Gisela Bock und Daniel Schönpflug (Hrsg.): *Friedrich Meinecke in seiner Zeit. Studien zu Leben und Werk*. Stuttgart 2006. S. 177–192.

64 Alexander Gauland: »Den deutschen Debatten fehlt es an Toleranz«. In: *Der Tagesspiegel*, 5.11.2007.

65 Sven Kellerhoff: »Mosebachs Vergleiche«. In: *Welt online*, 1.11.2007.

66 »Arno Lustiger zeigt *Vanity Fair* an«. In: *Spiegel online*, 8.11.2007; »Interview mit Nachspiel«. In: *Der Tagesspiegel*, 9.11.2007.

67 In: *minidiscforum.de*, ab dem 2.11.2007.

68 In: *basketball.de*, ab dem 5.11.2007 .

69 Es handelte sich um Rauschgiftkonsum und Umgang mit Prostituierten. Dies wurde damals auch deshalb so skandalisiert, weil es sich bei Friedman nicht nur um eine Person des öffentlichen Lebens, sondern auch um einen prominenten Juden handelte. Es ging bei der Friedman-Debatte also keineswegs nur um Moral, sondern auch um Antisemitismus.

70 Zum antisemitischen Feindbild Friedman gibt es zwar verschiedene Artikel, aber noch keine größere Darstellung. Sie würde sich lohnen, weil in der Diskussion über den »Juden Friedman« Wandel und Konstanz des antisemitischen Diskurses der Gegenwart sichtbar werden.

71 In diesem Zusammenhang wurde von einem Teilnehmer der Diskussion in *basketball.de* aber auch ironisch auf die »Angst vor der langen Hand des Weltjudentums« verwiesen.

72 Dies hat inzwischen auch Harald Schmidt eingesehen. Vgl. »›Nazo-meter‹ gelangt an seine Grenzen«. In: *Der Tagesspiegel*, 15.11.2007.

73 Hier und im Folgenden nach: »Schmidt & Pocher: Wirbel um Nazi-Sprüche«. In: *Bild*, 14.11.2007.

74 Saul Friedländer: *Kitsch und Tod. Der Widerschein des Nazismus.* München 1986.

75 In: *ZDF-Forum zu Johannes B. Kerner*, 29.10.2007.

76 Vgl. auch Jörg Thomann: »Und mein Nazometer mit mir«. In: *FAZ*, 16.11.2007. Ähnlich auch im *Spiegel* (Nr. 47/2007) unter dem Titel »TV-Shows: Trööt-huup-blink«.

77 Jens Jessen: »Uran sucht Geigerzähler.«. In: *Die Zeit*, Nr. 48/2007.

78 Deutschlandfunk, 24.10.07. Allerdings erklärte sie hier auch: »Wenn wir Ursachenforschung betreiben, dann müssen wir natürlich zu-rückschauen und untersuchen, wo hat es denn richtig angefangen«, und meinte damit die Nazis und die 68er.

79 »Gott hat mir den Fernsehjob aus den Händen geschlagen«. In: *Focus*, 31.10.2007.

80 »Eva Herman und Bischof Mixa beim Treffpunkt Weltkirche in Augs-burg«. In: *kath.net*, 23.11.2007.

3. Inhalte und Streitpunkte

»Stalins Mann in Berlin«

Als »Stalins Mann in Berlin« wurde ich in einem Artikel im Internet beschimpft.[1] Der Verfasser gab sich zwar alle Mühe, mir eine linke, ja kommunistische Gesinnung nachzuweisen, vermochte aber nicht das Wunder zu erklären, wie ich den 1953 verstorbenen Josef W. Stalin zum Leben erweckt habe, um als sein »Mann« fungieren zu können – noch dazu in Berlin.

Tatsächlich tauchte der tote Stalin in der sonstigen Diskussion kaum auf. Das ist bemerkenswert. Ging es doch im ersten »Historikerstreit« hauptsächlich um diesen schnauzbärtigen Diktator.[2] Eröffnet wurde er seinerzeit von Ernst Noltes rhetorisch gemeinter Frage, ob Stalin nicht frühere und schlimmere Verbrechen als Hitler begangen habe. Dies wurde von den meisten Teilnehmern an diesem Historikerstreit mit dem Hinweis auf die Singularität des Holocausts verneint. Hitler und der Holocaust standen auch ausschließlich im Mittelpunkt der Kontroverse, die zehn Jahre später – 1996 – Daniel Jonah Goldhagen mit seinem Buch *Hitlers willige Vollstrecker* eröffnete.

Die auch danach anhaltende Konzentration auf den Holocaust hat verschiedenen in- und ausländischen Historikern nicht gefallen. Zu ihnen gehörte der Franzose Stéphane Courtois, der sich von einem begeisterten Maoisten zu einem vehementen Antikommunisten gewandelt hatte. Courtois und seine Mitstreiter, von denen einige ebenfalls ehemalige Linke und Maoisten waren, wollten im *Schwarzbuch des Kommunismus* nachweisen, dass Stalin und weitere Kommunisten viel schlimmer gewesen seien als Hitler und andere Faschisten. Dies versuchten sie mit einer mathematischen Methode, indem sie die Opfer des Kommunismus zusammenzählten und auf zunächst

80, dann auf 100 Millionen Menschen kamen, denen sie die – falsch berechneten – 20 Millionen Opfer Hitlers gegenüberstellten.[3] Die Opfer der nach eigenem Selbstverständnis realsozialistischen DDR hinter »Mauer und Stacheldraht«, wie es im Westen hieß, fielen dabei kaum ins Gewicht, weshalb die DDR in der französischen Urfassung des *Schwarzbuchs* auch gar nicht erwähnt wurde.

Dies war nicht im Sinne von einigen tatsächlichen oder nur nachträglichen Bürgerrechtlern und Widerstandskämpfern in der inzwischen untergegangenen DDR. Unterstützt von einigen alten Kalten Kriegern und neuen Ex-Linken aus dem Westen, wiesen sie auf die vielen Verbrechen des SED-Staates im Allgemeinen und der Stasi im Besonderen hin. Dagegen wäre nichts zu sagen gewesen, wenn sie dabei nicht die Stasi mit der Gestapo und den SED- mit dem NS-Staat verglichen und dies alles noch mit dem Hinweis auf die alten und eigentlich überwundenen Totalitarismustheorien der 50er-Jahre begründet hätten,[4] können doch die Vergleiche zwischen der kleinen DDR und dem »Großdeutschen Reich« zu einer Trivialisierung des Dritten Reichs und folglich zu einer unzulässigen Dämonisierung der DDR führen. Dennoch wurden und werden immer noch Hitler und Honecker, DDR und Drittes Reich, Gestapo und Stasi miteinander verglichen, wobei der Vergleich nicht selten zuungunsten der DDR ausfällt, die einige für »schlimmer« als das Dritte Reich halten. Eine solche These konnte zwar durch die neue kritische DDR-Forschung nicht bewiesen werden und ist auch von der alten NS-Forschung nie behauptet worden, bestimmte aber den öffentlichen Diskurs hierzulande. Im östlichen und westlichen Ausland sieht man dies jedoch anders, weshalb sich das wiedervereinte Deutschland abermals auf einen geschichtspolitischen Sonderweg begeben hat.[5]

Doch von all dem war in der »Herman-Schlacht« wenig zu spüren.[6] Wenn hier in relativierender Weise von den Verbrechen der »anderen« die Rede war, waren in der Regel »die Amerikaner« und »die Juden« gemeint und eben nicht Stalin und die untergegangene Sowjetunion.[7] Nur sehr vereinzelt

64

wurde in diesem Zusammenhang auch auf die DDR verwiesen, die, wie ein *Bild*-Leser meinte, »ebenfalls einen schwarze(n) Geschichtspunkt für unser Land« darstelle. Eine *Bild*-Leserin kontrastierte die von Eva Herman hochgehaltenen Familienwerte mit der Familienpolitik der DDR, wo die »Familien bewusst knapp gehalten« wurden, »damit die Frau auch arbeiten gehen musste und der Staat die Kinder ganz nach seinen sozialistischen Vorstellungen« erziehen konnte.[8]

Weit mehr *Bild*-Leser lobten dagegen die »Familienpolitik« der DDR, die, wie die der Nazis, »besser« gewesen sei als die heutige: »Da hatte die Jugend noch Lust auf Kinder.« Einer meinte sogar, die DDR habe das »bessere Schulsystem« gehabt. Viele stimmten der Aussage zu, dass es sowohl in der DDR wie im Dritten Reich »gute Seiten« gegeben habe. Bei diesem – wohlgemerkt – positiven Vergleich zwischen DDR und Drittem Reich fehlte aber das sonst immer anzutreffende »Autobahn«-Argument.[9] Hier scheint der Autobahnbauer Hitler dem Mauerbauer Honecker vorgezogen zu werden.[10] Dies ist nun wahrhaft grotesk. Umso kritikwürdiger ist, dass man sich gerade in diesem Zusammenhang über eine heute herrschende »Meinungsdiktatur« beschwerte.[11]

Natürlich ist dies alles lediglich eine Momentaufnahme der Ansichten von einigen Angehörigen der schweigenden Mehrheit, die man kaum generalisieren kann. Es ist dennoch erstaunlich, dass die in den letzten Jahren öffentlich betriebene scharfe Kritik der untergegangenen DDR, die schon Züge einer gewissen Dämonisierung annahm, bei der schweigenden Mehrheit kaum Spuren hinterlassen hat. Am wenigsten bei den Westdeutschen, die ihre »Brüder und Schwestern« in den »neuen Bundesländern« immer noch kaum wahrgenommen haben. Noch erstaunlicher ist aber, dass der »schöne Schein« des Dritten Reichs heute auch bei den Ostdeutschen anzutreffen ist, die meinen, dass damals, genau wie in der DDR, »nicht alles schlecht« gewesen sei.

Dieses »doppelte Aber« ist bedenklich. Wenn nämlich behauptet wird, dass es sowohl im Dritten Reich wie in der DDR

»gute Seiten« gegeben habe, fehlen die Bewertungs- und Differenzierungskriterien sowohl für die gegenwärtige Demokratie als auch für die vergangenen Diktaturen, die sich noch dazu in entscheidenden Punkten ganz wesentlich voneinander unterscheiden. In dieser »Nacht« sind nicht nur »alle Katzen grau«, alles ist »irgendwie« gleich schlecht oder gut. Dies zeugt nicht gerade von einem hoch entwickelten demokratischen Bewusstsein, was auch für die im Folgenden zu behandelnde mangelnde Differenzierung zwischen Konservativismus und Faschismus gilt.

»Faschismus und Konservativismus verwechselt«

»Sie verwechseln Faschismus und Konservativismus« habe ich Eva Herman bei der Talkshow entgegengehalten. Damit wollte ich ihr eigentlich eine Brücke bauen, um sich von ihrer Lobpreisung der »Werte« und anderer »guter Seiten« des Faschismus zu distanzieren. Dies ist von einigen Kommentatoren so erkannt und teilweise auch anerkannt worden,[12] nur von Eva Herman nicht. Sie wollte die Unterschiede zwischen Faschismus und Konservativismus einfach nicht sehen und hat sie zudem noch verwischt. Daher ist ihr Appell für konservative Werte wie Ehe, Familie usw. selbst von konservativen Zeitungen wie der *FAZ* nicht aufgenommen und verteidigt worden. Die Zustimmung, die Eva Herman bei verschiedenen Rechtsextremisten fand, hat ebenfalls dazu beigetragen, dass sie nicht bzw. nicht mehr als Bannerträgerin eines neuen Konservativismus angesehen und entsprechend verteidigt wurde.

Mit Ausnahme von Christa Meves, die einige positive Worte für ihre Gesinnungsgenossin Herman fand, hat sich keiner der zuvor mit ihr in einem Atemzug genannten Konservativen für sie eingesetzt. Arnulf Baring, Udo di Fabio, Matthias Matussek, Frank Schirrmacher und viele weitere der in diesem Zusammenhang Genannten schwiegen. Warum? Arno Luik nannte in *stern.de* den Grund: Herman hatte den »rückständigen, antiemanzipatorischen Unsinn, der im Feuilleton vor sich hinwa-

66

bert, historisch verortet: bei den Nazis«.[13] Damit hatte sie den Konservativen einen Bärendienst erwiesen, weshalb diese nun reichlich indigniert verstummten. Aber nicht, wie Arno Luik weiter vermutete, weil es sich bei Herman um ein »sinnloses Geschwurbel« gehandelt habe, das die ganze Aufregung nicht lohne. Ihr »dummes Geplapper« ist »ernst genommen« worden, und dies keineswegs nur vom »Stammtisch im Oberstürberl«.

Ungeteilten, ja frenetischen Beifall haben Hermans konservativ-fundamentalistische Ausführungen über die von Gott und der Schöpfung gewollte Rollenverteilung von Mann und Frau bei einigen konservativ-fundamentalistischen Kreisen innerhalb der katholischen Kirche gefunden.[14] In ihnen wurde sie geradezu als Opfer und Märtyrerin des kirchenfeindlichen Zeitgeistes gefeiert und als Vorkämpferin einer Offensive gepriesen, die einige Klerikale gegen diesen Zeitgeist führen möchten, wodurch sie sich in eine bedenkliche Nähe zu anderen, vor allem islamistischen Fundamentalisten rücken. Insofern ging es bei der Herman-Kontroverse keineswegs nur um die Auseinandersetzung Konservativismus gegen Liberalismus, sondern auch um Fundamentalismus contra Aufklärung.

Von vielen begrüßt wurden auch Hermans Angriffe gegen »die 68er«,[15] die zeitlich nach und methodisch »wie« die Nationalsozialisten konservative Werte wie Familie und Mutter abgeschafft und durch die individuelle Selbstverwirklichung ersetzt hätten. So beleidigend und unsinnig der hier gezogene Vergleich zwischen 68ern und Faschisten ist, so berechtigt ist Eva Hermans Klage, dass »die 68er« (aber keineswegs sie allein!) konservative Vorstellungen von Ehe, Familie und Sexualität kritisiert bzw., um einen ihrer Lieblingsbegriffe zu benutzen, »hinterfragt« haben.[16] Die von Konservativen immer hochgehaltenen Tugenden wie Sauberkeit, Fleiß, Disziplin, Pflichtbewusstsein, Pünktlichkeit, Zuverlässigkeit, Ordnungssinn, Höflichkeit usw. haben die 68er als »Sekundärtugenden« verspottet, da man mit ihnen auch »ein KZ betreiben« könne. Für die konservativen Ideale wie Ehre, Nation und Vaterland hatten die 68er erst recht nichts übrig.

Dies begründeten sie mit dem Hinweis, dass Faschismus und Konservativismus Bundesgenossen gewesen seien und zum Teil auch gemeinsame antidemokratische, antisozialistische und zu einem gewissen Grad auch antisemitische Ziele gehabt hätten.[17] Um sie zu erreichen, hätten sich Faschisten wie Konservative gleichermaßen auf die erwähnten »Werte« berufen und die genannten »Sekundärtugenden« eingefordert.

Auch wenn man dabei zu weit gegangen ist und in jedem Konservativen einen zumindest potenziellen Faschisten gesehen und all diese Tugenden und Werte als faschistisch oder, um ein weiteres Modewort zu gebrauchen, als faschistoid bezeichnet und verworfen hatte, im Kern trifft es dennoch zu. Konservativismus und Faschismus waren politische Bundesgenossen und hatten gleiche oder zumindest vergleichbare ideologische Ziele.

Beides hat den heutigen Konservativismus diskreditiert, zumal er sich seinerzeit nicht hinreichend vom damaligen politischen Sündenfall und den ideologischen Identitäten distanziert hat.[18] Schon deshalb wurde auch nach 1945 die ideologische Schnittmenge zwischen Konservativismus und Faschismus deutlich. Daher war die Möglichkeit nicht auszuschließen, dass es wieder zu einem Bündnis beider kommen könnte. Eine solche Möglichkeit ist 1968 und in der Zeit danach von vielen Linken als real angesehen worden.[19] Doch auch Liberale haben sich immer wieder die ängstliche Frage gestellt: »Kann Bonn Weimar werden?« Wir wissen heute, dass diese Ängste übertrieben waren, wenngleich nicht völlig unbegründet. Und was nicht war, kann immer noch kommen.

Diese Sorge muss man nicht teilen, sie erklärt aber die aufgeregte Reaktion auf Eva Hermans überschwängliche Lobpreisung des Konservativismus und ihre mangelhafte Abgrenzung vom Faschismus. Beides war zudem keineswegs nur für sie, sondern auch für viele ihrer Anhänger und Verteidiger charakteristisch, die obendrein noch Hermans ohnehin schon problematischen Äußerungen übertrafen, indem sie Konservativismus und Faschismus so gut wie gar nicht mehr differenzierten.

68

In den öffentlichen Medien geschah dies jedoch entweder gar nicht oder nur sehr zurückhaltend, umso mehr und heftiger dagegen in den Blogs und Internetforen. Hier wurden die konservativen Werte und selbst die fundamentalistischen Auslegungen der Bibel, wonach der Mann das Haupt der Ehefrau sei,[20] erbittert verteidigt, auch und gerade gegen den Vorwurf, dass sie vom Faschismus benutzt worden seien.[21] Einige fanden dies sogar gut und richtig, womit sie eine weitgehende Identität von Faschismus und Konservativismus bestätigten.

Gleiches ließ sich auch einigen Leserbriefen an die *Bild*-Zeitung ablesen. Ein Schreiber aus dem Jahrgang 1941 war stolz darauf, dass er von seinen »Eltern die Werte der damaligen Zeit mit auf den Weg bekommen« und sie an seine »Kinder weitergegeben« habe. Ein anderer meinte, dass »man über Werte und Wertvorstellungen, die es seit vielen Generationen gab und gibt, auch dann sprechen dürfe, wenn diese in ihrer Terminologie auch in den 12 Jahren Nazizeit verwendet wurden.« Diese Feststellung wurde in einem weiteren Brief mit einem scharfen Angriff auf die »radikalliberalen Kreise«[22] verbunden, die »seit über 30 Jahren versuchen, traditionelle Werte und volkstümliche Kultur mit dem Hinweis auf deren Verwendung durch das NS-Regime zu diskreditieren, obwohl das inhaltlich eigentlich nichts miteinander zu tun hat«. Um seine These von der Differenz zwischen Konservativismus und Faschismus zu begründen, wies ein Briefschreiber aus Köln auf die Bücher von Udo di Fabio, Christa Meves und Meinhard Miegel hin. Bemerkenswert! Doch wenn er Eva Herman in diesem Zusammenhang bescheinigte, »ernsthafte Fragen und Forderungen« gestellt zu haben, dann war ihm offensichtlich entgangen, dass gerade sie die Trennlinie zwischen Konservativismus und Faschismus wenn nicht überschritten, so zumindest aber verwischt hatte. Letzteres war dann bei ihrem Loblied auf »Hitlers Autobahn« offensichtlich der Fall.

»Autobahn geht nicht«

Auf den Einwand, dass sie mit »Gleichschaltung« einen nationalsozialistischen Begriff gebrauch habe, reagierte Eva Herman mit der trotzigen Bemerkung: »Natürlich ist er da (im Dritten Reich; Anm. d. Verf.) benutzt worden, aber es sind auch Autobahnen damals gebaut worden, und wir fahren heute drauf.«

Dies rief bei allen Beteiligten der Talkshow am 9. Oktober Empörung hervor. »Autobahn geht nicht«, erklärte Johannes B. Kerner. Warum geht das nicht? Warum ist der Hinweis auf »Hitlers Autobahn« so falsch und anstößig?

Zunächst hatte Hitler die Autobahn gar nicht gebaut,[23] auf jeden Fall nicht allein und auch nicht als erster, denn in den USA gab es *highways* und in Italien führte schon 1922 eine *autostrada* von Mailand zu den oberitalienischen Seen. Die erste deutsche Autobahn war die allseits bekannte Berliner AVUS, mit deren Bau 1913 begonnen wurde. Fertiggestellt wurde sie 1921. 1932 kam die Autobahn Köln–Bonn hinzu. Ihre Verlängerung nach Norden zu den Hansestädten und nach Süden über Frankfurt nach Basel wurde zur gleichen Zeit vom Verein zur Vorbereitung der Autostraße Hansestädte–Frankfurt–Basel geplant und von eben dieser HaFraBa auch bereits projektiert. Die Trassen waren fertig und der Bau konnte beginnen.

Das geschah am 23. September 1933 mit großem propagandistischen Aufwand. Hitler selbst tat nicht nur den ersten Spatenstich, sondern schaufelte vor laufender Kamera wie ein Berserker. Außerdem verkündete er, wie immer großtuerisch, dass die vierspurigen »Straßen des Führers« eine Gesamtlänge von mindestens 6000 und maximal 20000 Kilometer haben sollten. Erreicht wurde noch nicht einmal die Hälfte. Bis zum Kriegsausbruch waren 3000 Streckenkilometer fertiggestellt. Bis zum »Untergang« kamen noch ganze 800 Kilometer hinzu. Mit dem Bau der geplanten Autobahnen Berlin–Riga–Leningrad und Berlin–Kiew–Rostow hatte man noch nicht einmal begonnen. Von Berlin–Stalingrad war gar nicht erst die Rede gewesen.

70

Das war auch nicht nötig. Die »Reichsautobahn« hatte ihren vornehmlich propagandistischen Zweck erfüllt. Auch als Maßnahme zur Arbeitsbeschaffung, um die Arbeitslosen von der sprichwörtlichen Straße zu holen, war sie nicht mehr nötig. Dies, d. h. die viel gerühmte »Überwindung der Arbeitslosigkeit«, besorgten schon Aufrüstung und Rüstungsindustrie. Viele der dann wieder erwerbstätigen Arbeiter wurden aber von ihren Arbeitsstellen weggeholt und marschierten als Soldaten auf einspurigen und – besonders im Herbst – verschlammten Straßen gen Osten. Panzer und Nachschub wurden mit der Eisenbahn transportiert.[24] Handfesten militärischen Nutzen hatten die deutschen Autobahnen allein für die Sieger. Gefangene deutsche Soldaten trotteten über die Autobahn in die entsprechenden Lager – allerdings, wie es sich für deutsche Soldaten gehört, in Reih und Glied. Und diese Bilder waren die letzten, die von den »Straßen des Führers« blieben.

Nach dem »Untergang« und der angeblichen »Stunde null« kam das »Wirtschaftswunder«. Es ermöglichte den Bau des »Volkswagens«,[25] der, anders als sein Vorgänger, der »Kraft-durch-Freude-Wagen«, auch an das kaufkräftige Volk ausgeliefert wurde und es dem einfachen Mann ermöglichte, »Hitlers Autobahn« nicht nur auf Propagandaplakaten zu bestaunen, sondern diese auch zu befahren. Das empfundene Glück darüber war groß, und die Nachwirkung der nationalsozialistischen Propaganda noch größer. Der »schöne Schein« des Dritten Reichs strahlte vor allem nach seinem Ende besonders grell, jedenfalls was die Autobahn anbelangt.[26]

Geflissentlich übersehen wurde, dass es sich hier gar nicht mehr nur um die nationalsozialistischen, sondern schon auch um die neuen »demokratischen« Autobahnen handelte. 1980 bereits hatte die Bundesrepublik Hitlers Fernziel erreicht. Das bundesdeutsche Streckennetz hatte eine Länge von fast 8000 Kilometern. In der DDR waren es dagegen nur magere 1600 Kilometer.[27] Die BRD hatte damit den Autobahn-Systemvergleich haushoch gewonnen und ließ keine Gelegenheit aus, dies auch entsprechend zu feiern. Jeder noch so kleine neue

Streckenabschnitt wurde mit großem propagandistischen Tamtam eröffnet, wobei es sich der jeweilige Verkehrsminister nicht nehmen ließ, eigenhändig mit einer silbernen Schere – zunächst war sie sogar golden – irgendwelche Bänder zu zerschneiden. Meister im Bänderzerschneiden war der langjährige Verkehrsminister unter Adenauer Hans-Christoph Seebohm.

Nicht zerschnitten, sondern gefestigt hingegen wurde der Mythos Autobahn. Der verklärende Ausdruck »Aber Hitler hat doch die Autobahn gebaut« machte weiterhin die Runde und wurde zum festen Bestandteil eines jeden Stammtischgesprächs zwischen Flensburg und Rosenheim. Dies fand natürlich nicht den Beifall der 68er, die ausgepräte Antipathien gegen Hitler hatten. Die aus der 68er-Bewegung entstandenen Grünen hatten sogar prinzipiell etwas gegen Autobahnen.[28] Autobahn ging wirklich nicht – oder nicht mehr.

Außerdem hatten die deutschen Historiker mit der ihnen eigenen historischen Verspätung inzwischen herausgefunden, dass es im Dritten Reich abseits der Autobahn auch noch andere Dinge gegeben hatte: zum Beispiel Auschwitz. Die Entdeckung des Holocausts, 1979 durch die Ausstrahlung der gleichnamigen vierteiligen US-Fernsehserie in Deutschland ausgelöst, führte zu einem Perspektivwechsel. Fortan standen die Verbrechen des Dritten Reichs im Mittelpunkt des historiographischen Interesses – und nicht länger sein »schöner Schein«.

Doch in den 1990er-Jahren meldeten sich einige Sozialhistoriker zu Wort und wiesen auf angeblich »moderne«, ja »revolutionäre« Züge des NS-Staates hin, die bei seiner angemahnten »Historisierung« zu beachten seien.[29] Allein oder im Bündnis mit einigen neurechten Ideologen wollten sie mit dieser »Modernisierung« und »Historisierung« der NS-Zeit aus dem »Schatten dieser Vergangenheit« heraustreten, damit das wiedervereinte Deutschland »wieder Großmacht« sein und eine ebensolche Politik betreiben könne.[30]

Die gegenwartspolitischen Implikationen einer Modernisierung und Historisierung des Dritten Reichs waren offensichtlich und wurden dementsprechend kritisiert.[31] Scharf zurückgewiesen wurde ihre historische Begründung.[32] Eindringlich wurde wieder einmal darauf hingewiesen, das Dritte Reich habe keine guten Seiten gehabt und auch keine »progressive Sozialpolitik« betrieben. Zu Opfern der Vernichtungspolitik des nationalsozialistischen »Rassenstaates« seien Millionen von »Rassefremden« und keineswegs nur, wie Zitelmann und Co behaupteten, eine »Minderheit von rassisch Ausgegrenzten« und »andere Randgruppen« geworden.[33]

Die These vom Rassenstaat schien sich gegenüber der Modernisierungs-These durchzusetzen.[34] Auch deshalb, weil sich einige jüngere Historiker endlich mit dem Massenmord beschäftigten, der außerhalb der deutschen Reichsgrenzen weit im Osten stattgefunden hatte. Damit wurde die verbrecherische Dimension des Dritten Reichs in räumlicher und quantitativer Hinsicht noch deutlicher – gar nichts war »gut«.

Eine etwas andere Meinung hat dann Götz Aly in seinem viel beachteten Buch *Hitlers Volksstaat* vertreten.[35] Das Dritte Reich sei kein »autoritär durchgeformter Führerstaat«, sondern eine »Gefälligkeitsdiktatur« gewesen. Zum Beweis dieser – problematischen – These wies Aly auf die vielen sozialpolitischen Maßnahmen der Nationalsozialisten hin, die von der Bundesrepublik fortgesetzt worden seien. Bewusst übersehen wurde dabei, dass die vorgeblich sozialpolitischen Maßnahmen in einem rassenpolitischen Kontext standen. Daher ist es schlicht falsch zu behaupten, dass die »Konturen« des »bundesrepublikanischen Sozialstaates« bereits im Dritten Reich gelegt worden seien.

Durch Alys inkorrekte und nunmehr auf den Bereich der Sozialpolitik begrenzte Kontinuitätsthese fühlten sich viele Teilnehmer an der Herman-Diskussion in ihrer völlig falschen Auffassung bestätigt, im Dritten Reich habe es doch »gute Seiten« gegeben. Dazu wurde dann auch die »Autobahn« gezählt. Letzteres hatte Aly zwar nicht behauptet, wurde ihm aber unterstellt. So von Henryk M. Broder, der Eva Hermans Hinweis auf »Hitlers Autobahn« für richtig, ja sogar für den »einzig richtigen« Satz in der *Kerner*-Show gehalten hat.[36] Broder erhielt deshalb von vielen ihm sonst nicht wohlgesonnenen Rechten und selbst von Rechtsextremisten Beifall.

Geradezu hymnisch gefeiert wurde Broder von den »dankbaren« Autobahn-Fans unter den *Bild*-Lesern: »Danke, Henryk M. Broder«, »Danke«, »großartig, wie Broder das seziert hat«, »Broder spricht mir aus der Seele«, »Henryk M. Broder hat absolut recht«, »er trifft den Nagel auf den Kopf« – hieß es hier immer wieder und jedes Mal im Zusammenhang mit »Hitlers Autobahn«. Die Wertschätzung Broders war nicht selten mit der Anmerkung verbunden, dass es sich hier um einen »jüdischen Publizisten« handelte, der sich vorteilhaft von »Herrschaften wie Knobloch und Friedman« unterscheide.[37] Ein *Bild*-Leser stimmte Broder auch in anderer Beziehung zu: »Man sollte lieber mal über die Islamisierung nachdenken!«

Broders, gelinde gesagt, verquere Argumentation ist, wie bereits erwähnt, von Clemens Heni in der wenig bekannten Internetzeitschrift *Die Achse des Guten* scharf zurückgewiesen worden.[38] In einigen Blogs wurden dagegen weitere Plädoyers für »Hitlers Autobahn« gehalten, wobei in nicht ungeschickter Weise auf die erwähnten Thesen einiger Sozialhistoriker über das ach so moderne Dritte Reich verwiesen wurde[39] – alles natürlich sehr zur Freude der Rechten, die sich hier in völliger Übereinstimmung mit der Meinung der schweigenden Mehrheit sahen und auch sehen konnten.

Doch das galt nicht für die *Bild*-Zeitung.[40] Sie veröffentlichte am 12. Oktober unter der Überschrift »Darum ist es so gefährlich, Hitlers Autobahn zu loben« das schon erwähnte Interview mit mir, in dem ich die Unsinnigkeit dieses Stammtisch-Arguments, das »nicht in eine öffentlich-rechtliche Talkshow« passe, nachzuweisen suchte.

Unter den Lesern rief das einen Sturm der Entrüstung hervor. Fast jeder vierte der (insgesamt 2000) Leserbriefschreiber meinte, die *Bild*-Zeitung und mich darauf hinweisen zu müssen, dass die »Autobahn nun einmal im Dritten Reich« gebaut worden sei. Viele nannten sie ohne Wenn und Aber »Hitlers

74

Autobahn«. Sie sei nicht »schlecht«, sondern im Gegenteil ein »riesiger Fortschritt« gewesen.[41] Außerdem wurde immer wieder betont, dass wir auf »Hitlers Autobahn« führen, weshalb teilweise von »Reichsautobahn« oder von den »Straßen des Führers« die Rede war. Ein *Bild*-Leser meinte gar: »Das größte Denkmal in Deutschland, das an Hitler erinnert, sind die Autobahnen – egal ob alt oder neu, und ich freue mich immer wieder, wenn ich eine befahren darf und danke Hitler für diese großartige Leistung.« Ein anderer sprach die antisemitisch konnotierte Befürchtung aus: »Wenn man schon die Autobahnen nicht mehr beim Namen nennen darf«, werden wir »den jüdischen Kalender anwenden« müssen.

Die beiden letzten Zitate sind nicht repräsentativ, wohl aber die übrigen. Auch wenn einige darauf hinwiesen, dass mit dem Bau der Autobahn schon vor Hitler begonnen worden war und dass sie dann auch für militärische Zwecke genutzt worden sei – für nahezu alle stand schlichtweg fest: Wir fahren auf »Hitlers Autobahn«! Man müsse anerkennen und zugeben, dass im Dritten Reich »eben nicht alles schlecht« gewesen sei. Auschwitz kommt gegen die Autobahn einfach nicht an.[42]

Wenn dies wirklich die Meinung der schweigenden Mehrheit ist, wofür vieles spricht, dann haben wir es mit einem Rückfall in die 1950er-Jahre zu tun, als die Vergangenheit schon einmal als bewältigt galt und man sich nur dankbar an »Hitlers Autobahn« erinnerte. Für diese Rückfall-These spricht auch die überaus große Zustimmung, die Eva Hermans Lobpreisung der nationalsozialistischen Frauen- und Familienpolitik erhielt.

»Mutterkreuz«

Schon bei der Diskussion über Eva Hermans Bücher tauchte der Begriff »Mutterkreuz« auf. Gebraucht wurde er aber nicht von Herman selbst, sondern von ihren Kritikerinnen, die ihr vorwarfen, einen »Mutterkreuzzug« zu führen. Diese Kritik traf Herman jedoch nicht, jedenfalls noch nicht, denn ihr damaliges Eintreten für eine konservative Frauen- und Familienpolitik hatte und konnte eigentlich nichts mit der nationalsozialistischen zu tun haben. Warum? Beginnen wir gleich mit dem von Hitler gestifteten Ehrenkreuz der Deutschen Mutter.

Verliehen wurde es an kinderreiche Mütter, die – und diese Bedingungen sind wichtig – politisch zuverlässig, »rassisch« einwandfrei, »erbgesund« und nicht »asozial« gewesen waren. Auch die gesamte Frauen- und Familienpolitik der Nazis ist vor diesem politischen und rassistischen Hintergrund zu sehen, genauer: der Rassenzucht und Rassenvernichtung im nationalsozialistischen »Rassenstaat«.[43] Beides war verbrecherisch und kann nicht ernsthaft auf Zustimmung stoßen.

Doch dies haben viele Zeitgenossen anders gesehen und ist auch noch nach 1945 anders beurteilt worden. Verantwortlich dafür war nicht nur die nachwirkende NS-Propaganda, sondern auch die Tatsache, dass einige der familien- und frauenpolitischen Maßnahmen der Nationalsozialisten fortgesetzt wurden. Allerdings in einem anderen, einem konservativ-katholischen und eben nicht mehr rassistischen Kontext.

In den Genuss von Kindergeld, Krediten und steuerlichen Erleichterungen kamen und kommen bis heute alle kinderreichen Familien. Diese und andere familienpolitische Maßnahmen waren und sind primär sozial- und nicht mehr rassenpolitisch motiviert. Das gilt natürlich auch für die damit verbundene bevölkerungspolitische Komponente, die einen rein quantitativen Sinn und Zweck hat. Der übrigens wenig erfolgreiche Versuch, das weitere Absinken der Geburtenrate zu verhindern, hat rein gar nichts mit der Förderung der Geburt von »erbgesunden« oder gar »rassisch wertvollen« Kindern zu tun.

Auch die Ähnlichkeiten zwischen der nationalsozialistischen und der Frauenpolitik in der Bundesrepublik, zumindest in der Ära Adenauer, sind nur scheinbare. Gemeint ist vor allem die Verdrängung von Frauen aus höherqualifizierten Berufen. Das hat es tatsächlich noch in den 50er-Jahren gegeben, geschah aber mehr aus arbeitsmarktpolitischen und konservativ-katholischen Motiven. Natürlich war dies antifeministisch, aber nicht mehr wie noch im Dritten Reich rassistisch.[44] Die Verdrängung der Frauen aus höherqualifizierten Berufen hatte in der NS-Zeit ein primär rassenpolitisches Ziel. Frauen sollten sich ihrer »arteigenen« Beschäftigung widmen, die darin bestand, Mütter von möglichst vielen und »gutrassigen« Kindern zu werden. Daran hat man bis zum Schluss festgehalten. Weitgehend revidiert wurden die damit verbundenen antifeministischen Momente in der Politik und noch mehr der Propaganda des Dritten Reichs. Spätestens nach Ausbruch des Krieges wussten die Nazis, dass sie die Frauen brauchten, um den Krieg gewinnen zu können. Erstens als Arbeitskräfte, zweitens als Stabilisatoren der Heimatfront. »Einen November 1918 darf es nie wieder geben« – hatte Hitler schon in *Mein Kampf* erklärt und damit die vornehmlich von Frauen durchgeführten Streiks und Hungerrevolten gemeint, die schon 1917 ausbrachen und tatsächlich maßgeblich zur Revolution vom November 1918 beigetragen hatten.[45] Auch am Ende des Zweiten Weltkrieges wurden Sprüche laut wie »Wenn alle Frauen sich zusammentäten, hätte der Wahnsinn bald ein Ende«.[46]

Folglich hatten die Nazis gerade gegen Ende des Zweiten Weltkriegs fast alles getan, um die Frauen dazu zu bewegen, die »Heimatfront« zu halten und durch ihren Einsatz in der Rüstungsindustrie zum »Endsieg« beizutragen. Beides war nicht sehr erfolgreich. Der prozentuale Anteil der arbeitenden Frauen konnte nicht wesentlich gesteigert werden und erreichte niemals die Werte, die in anderen westlichen Ländern erzielt wurden, obwohl die Nationalsozialisten jetzt nahezu alle Berufe für Frauen öffneten. Nur Richterinnen und niedergelassene Ärztinnen hat es auch am Schluss nicht gegeben. Dennoch haben sich einige der so umworbenen und vom Einsatz in der Rüstungsindustrie weitgehend freigestellten Frauen (ihren Platz mussten die »Fremdarbeiter« einnehmen) auch gegen den Nationalsozialismus gewandt und sich am Widerstand beteiligt.

All das ist mit einiger Verspätung in den 70er- und 80er-Jahren von männlichen und von noch mehr weiblichen Histori-

77

kern gründlich erforscht und aufgearbeitet worden.[47] Dabei ist es zu wechselseitigen Beeinflussungen durch die neue Frauenbewegung gekommen. Einige ihrer Aktivistinnen haben dann aber in ihrem grundsätzlich berechtigten und anerkennenswerten Kampf für eine vollständige Emanzipation der Frauen und gegen den immer noch weitverbreiteten Antifeminismus die Unterschiede zwischen der faschistischen und der konservativen Frauen- und Familienpolitik leicht verwischt. Ihr Gegner war das Patriarchat, das in Demokratie und Diktatur in beinahe identischer Gestalt auftrete. Opfer seien immer »die Frauen« gewesen. Dabei wurde zum einen geflissentlich übersehen, dass es in der NS-Zeit auch weibliche Täter gegeben hat, und zum anderen von der Tatsache abgelenkt, dass Jüdinnen, Romni, Sintezzas und andere »fremdvölkische« Frauen nicht ihres Geschlechts, sondern ihrer vermeintlichen Rasse wegen verfolgt und ermordet wurden.[48]

Diese und andere im feministischen Übereifer gemachten Fehlschlüsse sind zwar inzwischen revidiert worden, einige von ihnen tauchten aber in der Debatte über die antifeministischen Thesen Eva Hermans wieder auf. So wurde der, wie sie dann mehr als polemisch bezeichnet wurde, »Eva Braun« schon sehr frühzeitig eine geistige Nähe zum faschistischen Frauen- und Familienideal unterstellt. Dies war etwas voreilig, ging aber nicht völlig an der Sache vorbei, da Eva Herman bereits in ihren Büchern auch auf die NS-Zeit eingegangen ist. Offen und zustimmend äußerte sie sich dann auf der Pressekonferenz vom 6. September 2007, auf der sie die nationalsozialistische Frauen- und Familienpolitik gelobt hat. Obwohl ihr dies die Entlassung beim NDR einbrachte, hat sie sich von dieser fehlerhaften Äußerung inhaltlich nicht distanziert – schon gar nicht während der Talkshow am 9. Oktober. Folglich stand die nationalsozialistische Frauen- und Familienpolitik auch mit im Mittelpunkt der daraufhin einsetzenden Kontroverse.

In der Öffentlichkeit wurde Eva Herman von kaum jemandem verteidigt. Anders war es in einigen Blogs. In *dieGesellschafter.de* stimmte Peter Großmann Hermans Lob der nationalsozialistischen Frauen- und Familienpolitik ausdrücklich zu, um sich gleichzeitig gegen den »Neoliberalismus« zu wenden, der sein »hässliches Grinsen« gezeigt habe.[49] Mit beiden ebenso falschen wie abstrusen Behauptungen erntete er viel Zustimmung bei den Diskutanten. Ähnlich war es in einem anderen Blog, wo die vorgeblich positive Frauen- und Familienpolitik mit Hinweisen auf revisionistische Literatur begründet wurde.[50]

Fast ungeteilte Zustimmung erhielt Eva Hermans Lob der nationalsozialistischen Frauen- und Familienpolitik bei vielen *Bild*-Lesern. Das veranlasste die Redaktion, den an mich gerichteten Interviewfragen auch die nach Hitlers Familienpolitik und der Lage der deutschen Frau hinzuzufügen.[51] Natürlich verneinte ich die Aussage, dass »Werte wie Mutterschaft und Familienzusammenhalt« im Dritten Reich »hochgehalten« worden seien. Und zwar mit folgender Begründung, die ich hier deshalb zitiere, weil gerade sie erneute und besonders heftige Reaktionen hervorrief: »Die Familienpolitik unter Hitler war nicht gut, weil sie ein rassenpolitisches Ziel verfolgte: Rassenvernichtung und Rassenzucht. Sozialleistungen wie Kindergeld, Ehestandsdarlehen wurden nur an ›erbgesunde‹, ›rassisch reine‹ Paare gezahlt.« Auf die anschließende Behauptung, dass »die deutsche Frau (…) damals noch geehrt« wurde, erklärt ich: »Frauen wurden erniedrigt, auf ihre biologische Funktion als ›Muttertier‹ reduziert. Aus höher qualifizierten Berufen (Akademikerinnen, Richterinnen, Ärztinnen) wurden sie gezielt verdrängt. Später wurde ihre Arbeitskraft zum Beispiel in Rüstungsbetrieben für den ›Endsieg‹ missbraucht.«

Diese Antworten waren zwar keine historiographische Meisterleistung, aber auf jeden Fall nicht falsch und sind heute in jedem Schulbuch zumindest der Sekundarstufe II auch so nachzulesen.[52] Umso erstaunlicher waren die Kritiken:

Ein *Bild*-Leser gab immerhin zu, dass die »Mütter von den Nazis missbraucht« worden seien, aber deswegen sei das alles »nicht schlecht« gewesen. Auch sonst wurde die damalige Familienpolitik allgemein gelobt. Meist im Zusammenhang mit »Hitlers Autobahn«, aber auch mit der angeblich schon von ihm eingeführten »Krankenversicherung im Rentenalter«. Die »Familienwerte« seien im Dritten Reich hochgehalten worden. Damals hätten »Anstand, Zucht, Ehre und Ordnung« geherrscht. Heute hingegen wären wir Zeugen einer »Verluderung unserer Gesellschaft von A bis Z«. Damals hätten »Kinder und Frauen noch unbeschwert auf die Straße gehen« können. Sicher sei Hitler ein »Verbrecher und Massenmörder« gewesen, aber Tatsache sei auch, »dass er sehr viel für Mütter und Kinder getan hat, z. B. Sammlungen fürs Müttergenesungswerk, Müttererholungsheime etc.« Und ein Herr des Jahrgangs 1933 meinte unter Berufung auf die »Mütter-Tagesstätten und Kinderhorte« (sowie die »geringe Kriminalität«, die »Ordnung auf den Straßen« und natürlich die »Autobahnen«) kurz und knapp: »Es war eine glückliche Zeit«.

Diese offene Zustimmung zur nationalsozialistischen Frauen- und Familienpolitik hat mich mehr als verblüfft. Entsetzt war ich von den Lobpreisungen in einigen Blogs,[53] die wiederum mit scharfen Angriffen auf die heutige Familienpolitik verbunden waren, in deren Genuss doch ohnehin nur die viel zu zahlreichen und sich noch dazu ungeheuerlich vermehrenden Ausländer vornehmlich muslimischer Konfession kämen. Dies geschah teilweise in einem unverfälschten Nazi-Deutsch und war Rassismus pur, der dem nationalsozialistischen in nichts nachstand.[54]

Zu diesem Thema liegen zwar noch keine genaueren Umfragen vor, doch eins scheint sicher zu sein: Zu den angeblichen »guten Seiten« des Dritten Reichs wird ganz offensichtlich nicht nur die Autobahn, sondern auch seine rassistische Frauen- und Familienpolitik gezählt.[55] Auch hier scheint bei der Vergangenheitsbewältigung einiges falsch gelaufen zu sein – zumindest bei der schweigenden Mehrheit, die sich davon unberührt zeigt und im Unterschied zur redenden Elite offen rassistisch denkt. Diese ihre rassistische und profaschistische Einstellung artikuliert sie zugleich in einer offenen Frontstellung gegen die Meinungsmacher »da oben«, die der schweigenden Mehrheit verbieten, »frei und offen« über all das zu reden.

»Nicht reden kann«

»Ich muss einfach lernen, dass man über den Verlauf unserer Geschichte nicht reden kann, ohne in Gefahr zu geraten«, erklärte Eva Herman kurz vor ihrem Abgang in der *Kerner*-Show am 9. Oktober 2007: eine unfassbare und völlig unbegründete Behauptung. Denn wer soll sie und andere in Gefahr bringen – diejenigen, die sich mit Hitler und der NS-Diktatur beschäftigen? Hitler ist tot, und wir leben nicht in einer Diktatur, sondern in einer Demokratie. In ihr herrscht die in der Verfassung geschützte Forschungs- und Meinungsfreiheit. Wer etwas anderes behauptet, hat ein Problem mit dieser Verfassung oder weiß einfach nicht, wovon er spricht.

Eva Herman jedenfalls wusste es nicht. Daher war es richtig, dass Kerner nicht mehr mit ihr reden wollte. Doch die meisten Medien sahen dies völlig anders und sprachen von »Tribunal« und »öffentlicher Hinrichtung«. Einige Kommentatoren meinten sogar, eine Gefährdung der Meinungsfreiheit wahrgenommen zu haben. Dieser Unsinn wurde umgehend von der Rechten aufgegriffen und ausgenutzt. Die *Junge Freiheit* und selbst die rechtsradikale *National-Zeitung* schwangen sich grotesкerweise zu Apologeten der Meinungsfreiheit auf.[56] Denn schließlich waren es immer die Rechten, die als erste die Meinungs- und andere Freiheitsrechte mit Füßen getreten haben.

Tatsächlich wurde mit dem ebenso unbegründeten wie unverantwortlichen öffentlichen Gerede von »Hinrichtung« und »Tribunal« den Rechten eine Steilvorlage geliefert, um sich einmal mehr über den fürchterlichen »Meinungsterror« der allgemeinen »Political Correctness« zu erregen, deren Opfer Eva Herman geworden sei.[57] Dies war in Teilen der öffentlichen Medien und verstärkt noch in den Blogs und Internetforen der Fall. Hier sowie in den zahlreichen Briefen und Mails an die Fernsehstationen und Zeitungsredaktionen brachte die schweigende Mehrheit ihr Mitgefühl für die »arme Eva« und ihre Abscheu vor der »gleichgeschalteten Presse« zum Ausdruck.[58]

Es war wiederum die *Bild*-Zeitung, die all das ernst nahm und auf die Klage, »dass man über den Verlauf unserer Geschichte nicht reden kann, ohne in Gefahr zu geraten«, durch das schon mehrmals erwähnte Interview mit mir reagierte. In ihm wurde unter anderem auch das »Hitler-Tabu« bzw. Hermans diesbezügliche Äußerung richtiggestellt, was unter den *Bild*-Lesern einen wahren Entrüstungssturm entfachte. Zahlreiche Leserbriefschreiber wiesen noch einmal auf die vermeintliche Gefährdung der Meinungsfreiheit hin. Das taten sie teilweise unter Hinweis auf den Artikel 5 des Grundgesetzes. Auch wenn die Argumentation an dieser Stelle falsch und nicht zutreffend war, ist es grundsätzlich begrüßenswert, dass *Bild*-Leser unsere Verfassung kennen und aus ihr zitieren.

Weniger positiv zu beurteilen war, dass das Mitgefühl für den vermeintlichen Underdog Herman mit dem Hass auf die Meinungsmacher »da oben« verbunden war, die anders dächten und handelten als »wir da unten«, die jetzt nämlich laut, deutlich und drohend sich äußernde schweigende Mehrheit. Insofern hatte Herman recht, wenn sie in der Talkshow in einem ebenfalls drohenden Unterton auf die »da draußen« hinwies, die ganz anders dächten als die »gleichgeschaltete Presse« und ihr das auch schrieben.

Auch diejenigen, die es in der öffentlichen Diskussion wagten, Kerner zu verteidigen und Herman anzugreifen, wurden bedroht. Vor allem dann, wenn sie als Linke und »68er«[59] geoutet oder verdächtigt wurden, Juden zu sein oder ihnen als »Knechte« zu dienen. Ersteres wurde bei Kerner vermutet,[60] Letzteres wurde unter anderem mir unterstellt.

Weitaus schlimmer traf es die wirklichen Juden, die sich an der Diskussion beteiligt oder gar gewagt hatten, Herman zu kritisieren. Sie galten als die »Drahtzieher« der gegen Herman und andere gute Deutsche gerichteten »Verschwörung« und waren in der Regel die Adressaten, wenn es hieß, man könne heute über die NS-Zeit »nicht frei und offen reden«. In der Debatte wurde so ein solides Fundament für Judenhass offenbar.[61]

»Breite Basis für Judenhass«

Diese »breite Basis für Judenhass« wollte Clemens Heni in seinem bereits erwähnten scharfsinnigen Kommentar erkannt haben. Heni begründete seine These unter Bezugnahme auf die Forsa-Umfrage, wonach 20 Prozent der heutigen Deutschen meinten, dass es im Dritten Reich auch »gute Seiten« gegeben habe[62] – eine sehr problematische Argumentation. Denn keineswegs alle, die der Ansicht sind, dass im Dritten Reich »nicht alles schlecht« gewesen sei, müssen seine antisemitische Politik befürworten. Andererseits dürften die meisten der heutigen Antisemiten das Dritte Reich ganz oder in Teilen befürworten. Und dies sind ebenfalls etwa 20 Prozent.

Die vom Bielefelder Institut für Interdisziplinäre Konflikt- und Gewaltforschung unter Leitung von Wilhelm Heitmeyer durchgeführten Studien über »gruppenbezogene Menschenfeindlichkeit in Deutschland« (GMF) haben sogar noch höhere Prozentsätze ermittelt.[63] Während die Zustimmungsbereitschaft zum »traditionellen Antisemitismus« bei etwa 21 Prozent liegt, ist die zum »sekundären Antisemitismus« fast dreimal so hoch. Unter »sekundärem Antisemitismus« verstehen die Autoren der Heitmeyer- bzw. GMF-Studie die Meinung, dass »die Juden« aus ihrer Verfolgung im Dritten Reich Vorteile für die Gegenwart ziehen würden. Diesem abstrusen Vorwurf »Erst lassen sie sich umbringen und dann nutzen sie das auch noch aus« stimmten etwa 45 Prozent der Befragten zu. 65 Prozent ärgerten sich darüber, dass »den Deutschen auch heute noch die Verbrechen an den Juden vorgehalten« werden. Verantwortlich dafür wird vor allem Israel gemacht, dessen Politik gegenüber den Palästinensern von 38 Prozent scharf kritisiert und von mehr als 57 Prozent mit der des Dritten Reichs gegenüber den Juden verglichen wurde. Zu diesem, wie es die Autoren der GMF-Studie nennen, »israelbezogenen Antisemitismus« kommt noch der (von 52 Prozent der Befragten geteilte) »separationistische Antisemitismus« hinzu, womit der Vorwurf an die »deutschen Juden« gemeint ist, sich stärker mit dem fast schon verteufelten Israel als mit Deutschland verbunden zu zeigen und, wie hier zu ergänzen ist, einen zu großen Einfluss auf die deutsche Politik und die Medien auszuüben. Im Zentrum dieser antisemitischen Angriffe steht der Zentralrat der Juden in Deutschland insgesamt und seine Repräsentanten im Einzelnen.

Die Ergebnisse dieser quantitativen Erhebung können natürlich nicht durch eine qualitative Analyse der Herman-Diskussion bestätigt oder widerlegt werden. Sie können und sollen im Folgenden aber an konkreten Beispielen verdeutlicht und mit den Befunden der Heitmeyer-Studie korreliert werden.

In den öffentlichen Medien waren antisemitische Ausfälle selten anzutreffen. Und wenn, dann waren sie verdeckt und nur durch eine Diskursanalyse herauszufiltern. Ein Beispiel ist der in Kapitel 2 erwähnte Artikel in der rechtskatholischen Internetzeitschrift *kreuz.net*.[64] Er beginnt mit den Worten: »Hussah! Hussah! Die Hatz geht weiter!« Angesprochen wird zwar der Zentralrat der Juden in Deutschland, doch gemeint sind die Juden allgemein, die hier wieder einmal von Opfern zu Tätern gemacht werden. Diese Grundidee des »sekundären Antisemitismus« wird sprachlich jedoch mit einer Assoziation zum »traditionellen Antisemitismus« zum Ausdruck gebracht. Erinnert das »Hussah! Hussah!« doch an das »Hep! Hep!« derjenigen Antisemiten, die 1819 in mehren deutschen Städten Juden durch die Straßen getrieben und nicht selten auch ermordet haben. Diese Antisemiten handelten aus vornehmlich christlich-antijüdischen Motiven und wurden dazu auch durch antisemitische Hetze christlicher Geistlicher angetrieben. Im *kreuz.net*-Artikel werden dagegen Christen wie die vom Forum Deutscher Katholiken zu Opfern der »Hasspredigt« eines Juden stilisiert, genauer: des Vizepräsidenten des Zentralrats der Juden in Deutschland, Dieter Graumann, der seinen christenfeindlichen »Rundumschlag« auch noch gegen den »Vorsitzenden der Deutschen Bischofskonferenz, Kardinal Lehmann« gerichtet habe.

84

Ausschließlich »sekundären« und »separationistischen Antisemitismus« findet man in einem Artikel der rechtsextremistischen *National-Zeitung*.[65] Hier wird der Zentralrat der Juden für seine Kritik an Herman gescholten. Vor ihm sei der NDR eingeknickt und Eva Herman damit »zum Abschuss freigegeben« worden. Die »Begleitmusik« zu dieser »Vernichtung« habe dann der »Literat« Ralph Giordano gespielt, der »immer vorn dabei« ist, »wenn es gilt, mit der Faschismus-Keule auf Andersdenkende einzuprügeln«.

In einigen Blogs und Internetforen ging es noch unglaublicher und antisemitischer her – und zwar in allen Varianten des Antisemitismus. So wird in einem Artikel von *Readers Edition* die »unobjektive Berichterstattung« über den »Kerner/Herman-Eklat« auf die »Mainstreammeinung« zurückgeführt, die für das »peinliche Ausmaß von Antiisraelismus und Antiamerikanismus in Deutschland« verantwortlich sei.[66] Auch dies ist eine klassische Täter-Opfer-Umkehrung, sollen doch judenfreundliche Journalisten und andere »Judenknechte«[67] am Antisemitismus schuld sein.

Einem Teilnehmer an der Diskussion war diese Täter-Opfer-Umkehrung nicht deutlich genug. Er wollte nicht allein in der »Medien-Mafia der BRD« den konzertierten gleichgeschalteten »Übeltäter« sehen, sondern in der »Mischpoke, die diese Medien orchestriert«. Um ganz klar zu machen, dass er mit dem bewusst und in antisemitischer Absicht gewählten jiddischen Begriff »Mischpoke« die Juden meinte, grüßte er mit »Schalom allerseits«.

Ein anderer Diskussionsteilnehmer in einem weiteren Blog wurde noch expliziter: »Das Geld für die Machenschaften dieser Schmierfinken kommt aus den Kassen von Mossad, CIA und Verfassungsschutz.«[68] Im Blog *Radio Kempten* wurde die »jüdische Lobby« beschuldigt, »mit *Stürmer*-Methoden gegen Eva Herman« zu kämpfen.[69] Vorgetäuschter Anlass für diesen Angriff war eine angebliche Fotomontage in einem als jüdisch bezeichneten Blog, die Eva Herman zusammen mit SS-Helferinnen zeigt.[70] Dies erinnere »in bester Manier an *Stürmer*-Methoden«. Daran schloss sich folgende Mahnung an: »Einige Herren sollten sich vielleicht erst mal an die eigene Nase fassen und ein bisschen nachdenken, bevor sie sich auf das hohe moralische Ross setzen! Sonst fallen sie herunter!«[71]

»Kunigund Klotz« kritisierte im Blog *Spiegelfechter* den Zentralrat, weil er »ständig auf der Suche« nach denjenigen sei, die sich in »irgendeiner Art und Weise verplappern«.[72] Dann verplapperte sie sich selbst mit der folgenden Bemerkung, die eine klassische Variante des »israelbezogenen Antisemitismus« ist:[73] »Wie wäre es mal mit ein paar israelkritischen Kommentaren des Zentralrates zum Thema ›Schüsse auf palästinensische Kinder‹«.

»Separationistischen Antisemitismus«[74] findet man bei »Stefan dem Verwunderten«: »Und warum schreit stets der Zentralrat der Juden auf, wenn doch die Juden von allen Völkern, Religionen und Kulturen die stärksten ›Separationstendenzen‹ haben.«[75] »Clod« verdächtigt die »zionistische Lobby«, Eva Herman benutzt zu haben, um den »alltäglichen Schuldkult inklusive Faschismus und Antisemitismus zu zelebrieren«.[76] Dann wird Eva Herman noch mit der »jüdischen Esther« verglichen. Das macht allerdings überhaupt keinen Sinn, soll doch die biblische Esther nach antisemitischer Auslegung des gleichnamigen Buches im Alten Testament für die Ermordung von guten Persern verantwortlich gewesen sein.

An den Antisemitismus im Neuen Testament[78] erinnert »Waterbrunn« mit seinem »Schlusswitz«: »Da, steinigt ihn! Er hat es wieder gesagt! Äh, Jehova? Nein, Autobahn! Ah! Steinigt ihn! Autobahn, Autobahn, Autobahn!«[79] Mario Bohrmann von der »Interessengemeinschaft gegen Medienmanipulation« regte sich im Interview mit *ef-online* auch darüber auf, dass der Zentralrat der Juden in Deutschland »Hermans Auftreten und das breite Lob dafür wieder mit der Nazi-Keule« kritisiere.[80] Besonderen Zorn zog dabei der Vizepräsident des Zentralrats Graumann auf sich. Er solle »einfach mal die Fresse halten«,[81] schließlich sei der Zentralrat der Juden hier gar nicht »zuständig«.

86

Gänzlich untragbar wurde es bei *Altermedia.info*. Dieser auf dem äußersten rechten Rand anzusiedelnde, aber gleichwohl nicht indizierte Blog hatte schon am 11. September 2007 eine Diskussion zum Thema »›Heldin‹ des Alltags: Eva Herman kriecht zu Kreuze!« initiiert.[82] Anlass war die damalige Distanzierung Hermans von rechtsextremistischen Vereinnahmungsversuchen. Dies führten verschiedene Diskutanten auf die Macht »der Juden« zurück, die hier in den widerlichsten antisemitischen Wendungen angegangen wurden. Dabei wurde auch auf die »Lüsternheit« der Juden und ihr angebliches Recht verwiesen, »arische« Frauen zu missbrauchen, und zwar noch dazu »im Namen Jahwes«.[83] In diesem nicht wiederzugebenden Ton ging es bei *Altermedia.info* am 19. Oktober 2007 weiter.[84] Hier wurden nicht nur die »Toten von Gaza« angesprochen, womit die Opfer der »zionistischen Aggressoren« gemeint waren, hier wurde »den Juden« Rassismus vorgeworfen, wobei dann noch in klassischer antisemitischer Manier auf den Talmud als Quelle verwiesen wurde. Ohne jegliche Furcht davor, für die Aussagen strafrechtlich belangt zu werden, machte man ferner für die Bücher der Auschwitzleugner Zündel und Rudolf Reklame und bezeichnete die Bundesrepublik Deutschland als »Judenrepublik«.[85]

»Wo leben wir eigentlich?«, kann man da nur verstört fragen. Auf jeden Fall nicht in einem judenfreundlichen Land. Zu diesem Ergebnis muss man auch nach der (wiederum nur qualitativen!) Analyse der etwa zweitausend Leserbriefe kommen, die an die *Bild*-Zeitung gerichtet waren. Dabei folgt gerade *Bild* dem Credo Axel Springers, alles für eine Aussöhnung zwischen Deutschen und Juden zu tun. Doch das, nämlich »erklärtermaßen US/Israel verpflichtet« zu sein, wurde *Bild* von mehreren Lesern vorgeworfen. Einer von ihnen erfand dafür den gar nicht schönen antisemitischen Reim: »Wer mag das kleine Jüdlein sein, das beim Springer geht aus und rein?«

Umso überraschter scheint die *Bild*-Redaktion von der Flut offen antisemitischer Briefe gewesen zu sein. Sie begannen häufig mit der klassischen Wendung: »Ich möchte beto-

87

nen, dass ich nichts gegen Juden hatte«, um dann fortzufahren: »aber mittlerweile artet es zu regelrechtem Hass aus.« Im Zentrum dieses Hasses stand abermals der Zentralrat der Juden in Deutschland, der einen viel zu großen Einfluss auf *Bild* und die gesamte »deutsche Presse« ausübe: »Wenn der gute Zentralrat niest, steht die deutsche Presse stramm und tut ihre Pflicht.« Dies gelte auch für Johannes B. Kerner, dem »bereitwilligen Handlanger« der »sogenannten Jüdischen Gemeinde Deutschlands«. Der in diesem Zusammenhang als Jude bezeichnete Kerner solle sich schämen, und dem »Judenrat in Deutschland« müsse man sagen, dass »der Krieg seit 65 Jahren vorbei« ist. Auch andere Briefschreiber fanden es »unerträglich, permanent die Kommentare vom Zentralrat der Juden zu ertragen«.[86] Man sei nicht mehr gewillt, sich »von einem Zentralrat der Juden seine Meinung aufdrücken« zu lassen. Durch die Einschaltung des »Hetzvereins Zentralrat der Juden« in die Herman-Debatte fühlte sich ein anderer Leser in seiner »Meinung verstärkt, dass wir hier in Deutschland, 62 Jahre nach Kriegsende, immer noch von den Juden regiert und gesteuert werden«. Ein anderer warf dem »Zentralrat der Juden« vor, sich »seit 60 Jahren« damit zu beschäftigen, die »deutsche Vergangenheit finanziell auszuschlachten und mit diversen Geldspenden an öffentliche Einrichtungen die Zeitgeschichte entsprechend« zu beeinflussen. Auf jeden Fall solle sich der Zentralrat nicht als Richter aufspielen.

Damit war Israel gemeint, weshalb der Zentralrat auch »mehr nach Israel schauen« solle. Wo bleibe seine Kritik an den »israelischen Staatsmorden in Palästina?«, hieß es in einem anderen Brief. Denn, so ein anderer Schreiber: »Wenn man sieht, was in Israel passiert, weiß ich ehrlich gesagt nicht, warum der deutsche Staat immer noch für damals verfolgte Juden zahlt.«[87] Doch nicht nur mit der Wiedergutmachung auch mit der Vergangenheitsbewältigung müsse endlich Schluss gemacht werden: »Wie lange sollen denn noch die Kinder für die Taten der Eltern büßen?«[88] Daher sei auch das »Getue mit den Juden und dem Antisemitismus nur Theater«.

Dieser Meinung kann man unter keinen Umständen beipflichten. Wenn in den Leserbriefen an die *Bild*-Zeitung nahezu alle Elemente sowohl des »traditionellen« wie des »sekundären Antisemitismus« auftauchten, kann man dies nicht als belanglos oder gar als inszeniertes Theater abtun. Die qualitative Analyse der Briefe und Blogs unterstreicht das Ergebnis der quantitativen Meinungsumfragen: Mindestens jeder fünfte Deutsche ist Antisemit. Der »sekundäre Antisemitismus« ist sogar noch weiter verbreitet.[89] »Traditioneller« und »sekundärer Antisemitismus« sind zudem mit antisemitischen Verschwörungsideologien verbunden.

»Verschwörung«

Eine Verschwörungspathologie habe ich Eva Herman bei der *Kerner*-Show attestiert. Diese Feststellung war falsch. Eva Hermans Angriff auf die »gleichgeschaltete Presse« basierte nicht auf einer irrationalen und psychologisch zu erklärenden Fehlwahrnehmung, sondern auf einem rational begründeten Kalkül, wobei sie sich selbst als Opfer einer Verschwörung der Presse, besonders der *Bild*-Zeitung, darstellte. Schon unmittelbar nach der Pressekonferenz vom 6. September hatte sie der Presse die Fälschung ihrer Aussagen über die nationalsozialistische Frauen- und Familienpolitik vorgeworfen und im gleichen Zusammenhang den Verdacht geäußert, dass einige Fernsehsender die Aufzeichnung dieser Pressekonferenz bewusst zurückhielten.[90]

Ihre Entlassung durch den NDR führte Herman dann auf das geheime und verdeckte Wirken von nicht näher genannten Linken und den von ihr so überaus scharf angegriffenen »68ern« zurück. Ihre abschließende Bemerkung bei Kerner, dass man eben nicht »frei und offen« über die NS-Zeit reden könne, ohne »in Gefahr« zu geraten, ist ebenfalls in diesem verschwörungsideologischen Kontext zu sehen. An dieser Verteidigungsstrategie hat sie auch anschließend festgehalten. Anstatt sich also für ihre ebenso verquasten wie nicht hinnehmbaren Aussagen zu entschuldigen, ist sie in die Offensive gegangen und hat sich selbst als Opfer einer gegen sie gerichteten »Medien-Verschwörung« dargestellt.[91]

Dieses Kalkül ging weitgehend auf. Wie in Kapitel 2 bereits erwähnt, wurde Eva Herman in großen Teilen der Presse als Opfer eines von Kerner inszenierten »Tribunals« mit öffentlicher »Inquisition« und anschließender »Hinrichtung« angesehen und gleichermaßen bedauert. In diesem Zusammenhang war ebenfalls häufig von »Verschwörung« die Rede. Nur wenige Kommentatoren haben diese Strategie erkannt und zurückgewiesen. Von vielen Leserbriefschreibern wurde der Verschwörungsverdacht jedoch aufgegriffen. Nicht selten hieß es, Eva Herman sei zum »Opfer einer Verschwörung« geworden.

Abermals teilten weit mehr Menschen in Blogs und Internetforen diese Ansicht. Hier war immer wieder von »reinster Verschwörung«, »Quasi-Verschwörung« und »Medienverschwörung« die Rede.[92] Dabei wurden auch Vergleiche mit dem Fall Hohmann gezogen, der ebenfalls Opfer einer Verschwörung geworden sei.[93] Breite Zustimmung fand hier auch Eva Hermans Fälschungsverdacht. Obwohl ihr vollständiges Zitat vom 6. September inzwischen nicht nur in der Presse, sondern auch im Internet nachlesbar war, wurden immer wieder Zweifel an seiner Authentizität geäußert.[94] Dies nahm geradezu irrationale Züge an, versuchten einige doch Widersprüche zwischen seiner Wiedergabe in den öffentlichen Medien und dem Internet zu entdecken.[95] Dabei wurde dem Internettext bzw. seiner Interpretation ein größerer Wahrheitsgehalt als dem in den öffentlichen Medien zuerkannt.

Dies gilt in gleichem Maße für die meisten der heutigen Verschwörungsideologen. Auch sie halten Internetquellen für zuverlässiger als diejenigen, die in den öffentlichen Medien zu finden sind, weil letztere unter Verschwörungsverdacht gestellt werden.[96] Dieses Verfahren ist vor allem den verschiedenen Verschwörungsideologien über den 11. September 2001 zu entnehmen.[97] Doch bei der »Anti-Herman-Verschwörung« konnte es an sich nicht funktionieren, weil es, wie gesagt, keinerlei Abweichungen zwischen den Texten gibt. Dennoch ist immer wieder versucht worden, irgendwie geartete Abweichungen und Unstimmigkeiten nachzuweisen.[98]

Momente und Beweise einer gegen Herman gerichteten Verschwörung wollten verschiedene Blogger auch in der Aufzeichnung der *Kerner*-Show sehen. Dabei scheute man ebenfalls nicht vor abstrusen Verdächtigungen zurück. So, wenn in einem Blog gefragt wurde, ob sich »Wippermann und Senta Berger kannten«, weshalb sie sich vorher wohl »abgesprochen« haben mussten, um dann »perfekt Doppelpass« gegen Herman zu spielen.[99] Der Vorwurf der vorherigen Absprache wurde auch gegenüber den übrigen Diskutanten erhoben – und dies nur, weil sie sich in der Ablehnung des Herman'schen »Autobahn«-Arguments einig waren. Dass Kerner bei der Sendung einen Knopf im Ohr trug, wurde zum Anlass genommen, um über eine irgendwie geartete Fernsteuerung zu spekulieren[100] und so weiter und so fort.

Die Kritik einiger (wie gesagt längst nicht aller) Medien an Hermans »Autobahn«-Argument und Tabu-Vorwurf wurde dann ebenfalls verschwörungsideologisch gedeutet. Die Medien des Mainstreams hätten sich wieder einmal gegen die »Meinung des Volkes« verschworen, hieß es immer wieder.[101] Mario Bohrmann erklärte dazu im Interview mit *ef-online*, man könne sich gegen diese »massive Manipulation der Medien« jedoch wehren, indem man sich »unzensierte Hintergrundinformationen« aus dem Internet verschaffe. Diesem Rat folgten dann auch viele Blogger, indem sie sich Informationen sowohl über die Beteiligten an der *Kerner*-Show wie auch über Herman-kritische Journalisten verschafften. Triumphierend wurde dann mitgeteilt, dass Senta Berger eine Sympathisantin der 68er-Bewegung und ich selbst ein ganz übler »68er« und Linker sei. »Achtundsechziger« wurden dann auch in den »Chefetagen der etablierten Presse« geoutet und zugleich beschuldigt, zusammen mit anderen »Vergangenheitsbewältigern« gegen jeden Missliebigen die »Nazi-Keule« zu schwingen.

91

Doch als eigentliche Drahtzieher der »Anti-Herman-Verschwörung« galten immer wieder der Zentralrat der Juden in Deutschland, Israel und die Juden generell.[102] Sie würden die »sogenannten Meinungsmacher«, darunter besonders Johannes B. Kerner, kontrollieren. Gerade Kerner, der verdächtigt wurde, selbst »Jude« zu sein, sei die »Musterpropaganda-Marionette der deutschen Medien«, denen ein »alliierter/jüdischer Maulkorb« verpasst worden sei.

Wie bei den sonstigen der heute weitverbreiteten und ebenfalls meist antisemitisch konnotierten[103] Verschwörungsideologien üblich, war all das mit einer offenen Kampfansage an die »Judenknechte«, die von Juden kontrollierten »Meinungsmacher« sowie an »die Juden« generell verbunden. Sie alle würden nach Meinung eines Bild-Lesers »eines Tages sehr direkt mit der Wut und Enttäuschung des gemeinen Volkes konfrontiert« werden. »Wir sind das Volk, und die Masse kann viel bewegen«, heißt es in einem anderen Leserbrief. Ein 63 Jahre alter Mann aus Hamburg wurde noch deutlicher: »Wann macht sich das deutsche Volk endlich stark? Wann sagen wir endlich, jetzt ist Schluss mit alledem!«

Hier fehlt nur noch der Ruf nach dem, der »uns frei macht«[104] – nach dem, der uns von den gegen uns gerichteten Verschwörungen befreit und die dafür Verantwortlichen bestraft. In der Geschichte der bisherigen Verschwörungsideologien war dieser Erlöser meist gleichbedeutend mit dem »Führer«. Wenigstens das ist bei dieser Verschwörungsideologie noch nicht der Fall. Doch was nicht ist, kann durchaus noch kommen. Ein kritischer Bild-Leser befürchtete schon ein »böses Erwachen bei der nächsten Bundestagswahl«. Man brauche doch »nur die Stammtischgespräche verfolgen«. Dies ist sicherlich etwas übertrieben. Doch eine Warnung sind die in den Blogs betriebenen modernen Stammtischgespräche allemal.

1 Stephan Waitz: »Wolfgang Wippermann. Stalins Mann in Berlin. Über einen zweifelhaften Chefhistoriker von ZDF und *Bild*-Zeitung«. In: *ef-online*, 16.10.2007.

2 Dazu und zum Folgenden: Wolfgang Wippermann: *Wessen Schuld? Vom Historikerstreit zur Goldhagen-Kontroverse.* Berlin 1997.

3 Stéphane Courtois u. a.: *Das Schwarzbuch des Kommunismus. Unterdrückung, Verbrechen und Terror.* München 1998. Zur Kritik: Jens Mecklenburg und Wolfgang Wippermann (Hrsg.): *»Roter Holocaust«? Kritik des Schwarzbuchs des Kommunismus.* Hamburg 1998; Johannes Klotz (Hrsg.): *Schlimmer als die Nazis. »Das Schwarzbuch des Kommunismus«, die neue Totalitarismusdebatte und der Geschichtsrevisionismus.* Köln 1999.

4 Wolfgang Wippermann: *Totalitarismustheorien. Die Entwicklung der Diskussion von den Anfängen bis heute.* Darmstadt 1997. Bes. S. 95 ff.

5 Umgekehrt beklagen die »vergleichenden Relativierer«, dass das öffentliche Interesse für die Geschichte der DDR nicht zunehme, sondern immer stärker absinke. Zurückgeführt wird das auf die in der Öffentlichkeit anhaltende Fokussierung auf das Dritte Reich.

6 Erst im November 2007 wurde wieder in der Öffentlichkeit auf die DDR verwiesen. Anlass war zunächst eine Studie des Berliner Forschungsverbunds SED-Staat, mit der herausgefunden wurde, dass Berliner Schüler wenig über die DDR wissen. Was dieselben Schüler über das Dritte Reich wissen oder nicht wissen, wurde nicht hinterfragt. Anfang November 2007 gab dann das ebenfalls auf relativierende Vergleiche zwischen DDR und Drittem Reich kaprizierte Dresdener Hannah-Arendt-Institut für Totalitarismusforschung eine Studie heraus, nach der es auch unter den Ärzten der DDR Stasi-Spitzel gegeben habe. Große Aufmerksamkeit fand das jedoch nicht.

7 Beispiele s. u.: »Breite Basis für Judenhass«.

8 Einen *Bild*-Leser erinnerte der in der *Kerner*-Show »anwesenden Professor«, womit ich gemeint war, an die »Gesellschaftswissenschaftler« der »Ostzone«.

9 Nach meinen persönlichen Beobachtungen ist in der DDR niemals über »Hitlers Autobahn« diskutiert worden und schon gar nicht öffentlich. Das »Aber-die-Autobahn«-Argument hat eindeutig die Provenienz des westdeutschen Stammtisches.

10 Dazu beigetragen haben auch einige der neuen Schulbücher aus dem Westen, in denen die Autobahn und andere angebliche sozialpolitische Errungenschaften des NS-Regimes ausführlich und mit vielen schönen (Propaganda-)Bildern versehen dargestellt wurden. Diese Reproduktion des schönen Scheins des Dritten Reichs hat nach meinen Erfahrungen, die ich in der Aus- und Weiterbildung von DDR-Lehrern gemacht habe, bei Schülern und auch bei einigen Lehrern verheerende Folgen gehabt. Wenn dann noch das angeblich so moderne Dritte Reich mit der so rückständigen DDR und ihrer ineffektiven (Plan-)Wirtschaft konfrontiert wurde, war die Sache klar: Die DDR muss schlechter als das Dritte Reich gewesen sein.

11 Dies war auch in einigen rechten Blogs so.

12 So von Jörg Thomann: »Wie Eva Herman den Fernsehtod starb«. In: *FAZ.net*, 10.10.2007.

13 Arno Luik: »Hysterie über sinnloses Geschwurbel«. In: *stern.de*, 12.10.2007.

14 Wie oben erwähnt, vor allem bei den »christlich-katholischen Nachrichten« von *kath.net*.

15 Vor allem in rechten Blogs. In einigen anderen wurde dem widersprochen.

16 Dazu unter anderem: Wolfgang Kraushaar: *1968. Das Jahr, das alles verändert hat.* München, Zürich 1998; Wolfgang Kraushaar: *1968 als Mythos, Chiffre und Zäsur.* Hamburg 2000; Axel Schildt u. a. (Hrsg.): *Dynamische Zeiten. Die 60er Jahre in den beiden deutschen Gesellschaften.* Hamburg 2000.

17 Zu diesen ideologischen Übereinstimmungen vor allem Kurt Lenk: *Deutscher Konservativismus.* Frankfurt am Main 1989. Siehe auch Lenks scharfe Kritik des gegenwärtigen Konservativismus: Kurt Lenk: *Rechts, wo die Mitte ist. Studien zur Ideologie. Rechtsextremismus, Nationalsozialismus, Konservatismus.* Baden-Baden 1994.

18 Zu diesem »Dilemma des Konservativismus« vor allem Martin Greiffenhagen: *Das Dilemma des Konservativismus in Deutschland.* Frankfurt am Main 1986. Mit etwas zu scharfer und parteiischer Kritik: Ludwig Elm: *Der deutsche Konservativismus nach Auschwitz. Von Adenauer und Strauß zu Stoiber und Merkel.* Köln 2007.

19 Vgl. dazu meine zeitnahe, aber, wie ich jetzt meine, viel zu scharfe

Kritik: Wolfgang Wippermann: *Faschismustheorien. Zum Stand der gegenwärtigen Diskussion*. Darmstadt 1972. S. 49 ff.

20 Felizitas Küble: »›Der Erlöser ihres Leibes‹ – Warum der Mann das ›Haupt‹ der Ehefrau ist«. In: *Katholisches Magazin für Kirche und Kultur*, 15.7.2007. Die Leiterin des katholischen KOMM-MIT-Verlags in Münster brachte es fertig, so ziemlich alle frauenfeindlichen Stellen der Bibel zu rechtfertigen, ja als »frauenfreundlich« und »leibfreundlich« darzustellen.

21 Kontrovers wurde dies jedoch in dem Blog *julia-seeliger.de* (9.–18.10.2007) diskutiert. Widerspruch fanden hier auch die Angriffe gegen die »Pseudo-Linksliberalen«, die zum »Halali« gegen Herman blasen würden.

22 Damit waren natürlich die auch in anderen Briefen gebrandmarkten 68er gemeint.

23 Zum Folgenden den knappen, aber völlig ausreichenden Artikel von Hermann Weiß: »Autobahnen«. In: *Legenden, Lügen, Vorurteile. Ein Wörterbuch zur Zeitgeschichte*. Hrsg. von Wolfgang Benz. München 1992. S. 40–43. Zur Geschichte der »Reichsautobahn«: Rainer Stommer (Hrsg.): *Reichsautobahn. Pyramiden des Dritten Reichs*. Marburg 1982. Zum Mythos Autobahn: Erhard Schütz und Eckhard Gruber: *Mythos Reichsautobahn. Bau und Inszenierung der »Straßen des Führers« 1933–1941*. Berlin 1996. Das Thema erfreut sich nach wie vor einer großen und nicht unbedenklichen Aufmerksamkeit: Benjamin Steininger: *Raum-Maschine Reichsautobahn. Zur Dynamik eines bekannt/unbekannten Bauwerks*. Berlin 2005.

24 Darauf ist in den Briefen und Blogs immer wieder verwiesen worden.

25 Natürlich wurde auch der Volkswagen im NS-Zusammenhang immer wieder erwähnt. In einem an mich gerichteten anonymen Brief war auch die »Entwurfsskizze Hitlers für seine Idee vom Volkswagen« beigelegt. Vielen Dank dafür!

26 Vgl. dazu Peter Reichel: *Der schöne Schein des Dritten Reiches. Faszination und Gewalt des Faschismus*. München, Wien 1991. S. 275 ff.

27 Heute fahren die vereinten Deutschen auf 12000 Kilometern Autobahn, wovon maximal ein Viertel Hitler selbst gebaut haben kann. Doch auch dies wird bei der heutigen Begeisterung über die »Reichsautobahn« noch übersehen.

28 Unter ihnen kursierte der schöne Witz: »Bei Hitler war wirklich nicht alles schlecht – bis auf die Autobahn.«

29 Zum Folgenden: Wippermann: *Wessen Schuld?* S. 80ff; Wippermann: *Umstrittene Vergangenheit.* S. 24ff; Wippermann: »Revisionismus light. Zur Modernisierung und vergleichenden Verharmlosung des ›Dritten Reichs‹«. In: Brigitte Bailer-Galanda, Wolfgang Benz und Wolfgang Neugebauer (Hrsg.): *Die Auschwitzleugner. »Revisionistische« Geschichtslüge und historische Wahrheit.* Berlin 1996. S. 237–251; Wippermann: »Es war doch gar nicht so schlimm: Revisionismus und Vergangenheitsbewältigung«. In: Albrecht Lohrbächer u. a. (Hrsg.): *Schoa-Schweigen ist unmöglich.* Stuttgart 1999. S. 57–67.

30 Besonders beachtet und wirkungsvoll waren die Sammelbände: Michael Prinz und Rainer Zitelmann (Hrsg.): *Nationalsozialismus und Modernisierung.* Darmstadt 1991; Uwe Backes, Eckhard Jesse und Rainer Zitelmann (Hrsg.): *Die Schatten der Vergangenheit. Impulse zur Historisierung des Nationalsozialismus.* Frankfurt am Main, Berlin 1990.

31 Unter anderem von Karl Heinz Roth: »Verklärung des Abgrunds. Zur nachträglichen ›Revolutionierung‹ der NS-Diktatur durch die Gruppe um Rainer Zitelmann«. In: *1999. Zeitschrift für Sozialgeschichte des 19. und 20. Jahrhunderts,* H. 1/1992. S. 7–11; Johannes Klotz und Ulrich Schneider (Hrsg.): *Die selbstbewusste Nation und ihre Geschichtspolitik,* Köln 1997.

32 Unter anderem von: Hans Mommsen: »Nationalsozialismus als vorgetäuschte Modernisierung«. In: Walther H. Pehle (Hrsg.): *Der historische Ort des Nationalsozialismus.* Frankfurt am Main 1990. S. 31–46; Christoph Dipper: »Modernisierung und Nationalsozialismus«. In: *Neue Politische Literatur,* Nr. 36/1991. S. 450–456.

33 Uwe Backes, Eckhard Jesse und Rainer Zitelmann: »Was heißt ›Historisierung‹ des Nationalsozialismus«. In: Dies. (Hrsg.): *Schatten der Vergangenheit.* S. 25.

34 Michael Burleigh und Wolfgang Wippermann: *The Racial State. Germany 1933–1945.* Cambridge 1991 (^{8}2003).

35 Götz Aly: *Hitlers Volksstaat. Raub, Rassenkrieg und nationaler Sozialismus.* Frankfurt am Main u. a. 2005. Auf die breite und überwiegend kritisch geführte Diskussion zu Alys Buch soll hier nicht weiter eingegangen werden.

36 Henryk M. Broder: »Der programmierte Eklat«. In: *Spiegel online*, 10.10.2007.

37 Gewürdigt wurde auch der Kommentar des, wie extra betont wurde, »aus Israel stammenden Historikers Michael Wolffsohn«, der Herman verteidigte, weil sie nichts dafür könne, dass »Deutsche in Adolf Hitler auch Gutes sehen«. In: *kath.net*, 21.10.2007.

38 Clemens Heni: »Entweder Broder«. In: *Die Achse des Guten*, 25.10.2007. Heni wies auch auf die oben skizzierten Thesen der Sozialhistoriker über den angeblich modernen Charakter des Dritten Reichs hin.

39 In sehr geschickter Weise von Petra Wernicke: »Historiker über die NS-Sozialpolitik: ›Als Beispiel bewundert‹«. In: Read All About It! 30.10.2007.

40 Von den anderen Presseorganen ist das »Autobahn«-Argument aber auch nicht aufgegriffen worden, jedenfalls nicht im zustimmenden Sinne. Doch das war auch das Mindeste, was man erwarten konnte.

41 Der Schreiber dieser Zeilen wies im gleichen Zusammenhang auch auf das »Manhattan-Projekt« der US-Amerikaner hin, womit der Bau der Atombombe gemeint war.

42 In den Blogs und Internetforen war das Urteil nicht einhellig. Neben ausgesprochenen Autobahn-Fans meldeten sich hier auch Kritiker zu Wort, die auf die militärische und propagandistische Funktion von »Hitlers Autobahn« verwiesen.

43 Burleigh und Wippermann: *The Racial State*. S. 242 ff.

44 Zum Folgenden das Kapitel »Frauen und Nationalsozialismus«. In: Wippermann: *Umstrittene Vergangenheit*. S. 176–203.

45 Dazu Timothy W. Mason: *Sozialpolitik im Dritten Reich. Arbeiterklasse und Volksgemeinschaft*. Opladen 1977. S. 31.

46 »Stimmungs- und Gerüchteerfassung« der Kreisleitung der NSDAP Frankfurt am Main vom 12.2.1944; zitiert nach Wolfgang Wippermann: *Das Leben in Frankfurt zur NS-Zeit. Bd. 3*. Frankfurt am Main 1986. S. 159.

47 Hier nur die wichtigsten Arbeiten in chronologischer Reihenfolge: Jill Stephenson: *Women in Nazi Society*. London 1975; Dörte Winkler: *Frauenarbeit im »Dritten Reich«*. Hamburg 1977; Frauengruppe Faschismusforschung (Hrsg.): *Mutterkreuz und Arbeitsbuch. Zur Ge-*

schichte der Frauen in der Weimarer Republik und im Nationalsozialismus. Frankfurt am Main 1981; Maruta Schmidt u. a. (Hrsg.): *Frauen unterm Hakenkreuz*. Berlin 1983; Rita Thalmann: *Frausein im Dritten Reich*. München, Wien 1984; Renate Wiggershaus: *Frauen unterm Nationalsozialismus*. Wuppertal 1984. Gute Zusammenfassung bei Ute Frevert: »Frauen«. In: Wolfgang Benz u. a. (Hrsg.): *Enzyklopädie des Nationalsozialismus*. München ^{2}1998. S. 220–234.

48 Eingeleitet wurde diese, auch als »Historikerinnenstreit« bezeichnete Kontroverse von Claudia Koonz: *Mothers in the Fatherland*. New York 1986. Dazu dann Gisela Bock: »Die Frauen und der Nationalsozialismus. Bemerkungen zu einem Buch von Claudia Koonz«. In: *Geschichte und Gesellschaft*, Nr. 15/1989. S. 563–579; Gisela Bock: »Ein Historikerinnenstreit?« In: *Geschichte und Gesellschaft*, Nr. 18/1992. S. 400–404.

49 Peter Großmann: »Der Neoliberalismus zeigt sein hässliches Grinsen – Freispruch für Eva«. *dieGesellschafter.de*, 11.10.2007.

50 In: *Institut für Staatspolitik*, 10.10.2007.

51 »Darum ist es so gefährlich, Hitlers Autobahn zu loben«. In: *Bild*, 12.10.2007.

52 Zum Beispiel Jürgen Stillig und Wolfgang Wippermann: *Der Nationalsozialismus. Die Zeit der NS-Herrschaft und ihre Bedeutung für die deutsche Geschichte*. Berlin 2000. S. 64 ff.

53 Vor allem *myblog.de*; *Campo-News-Blog*; *Bad Blog*; *Dampflok*; *Politically Incorrect*; *Der Nonkonformist*.

54 Im Blog *Der Nonkonformist* (15.10.2007) lobte »miller« Hitler, weil er »die Probleme angepackt« habe. Dazu wurde auch der »vorbildliche Tierschutz« gerechnet. Verbunden war dies mit der antisemitischen Frage: »Warum ist Schächten auf einmal legal?«

55 Ein Diskutant erklärte bei *Politically Incorrect* (10.9.2007): »Wir sitzen auf einer Sozialgesetzgebung, einem Rentenrecht und vieles mehr, das wir dem Sozialismus im Parteinamen der NSDAP zu verdanken haben.«

56 »Erledigt mit unlauteren Mitteln«. In: *Junge Freiheit*, 19.10.2007; »Hatte Eva Herman doch recht? Das Märchen von der Meinungsfreiheit«. In: *National-Zeitung*, 39/2007. Dieses Organ der DVU kritisierte gleichzeitig die »Klasse«, die »Nutznießer der Radikalbe-

wältigung« sei, in »totalitärer Anmaßung« die Politik bestimme und eine »Maulkorb-Atmosphäre« schaffe. Dies würde »am Ende der Demokratie nur schaden«. »Wer schützt uns vor solch verlogenen Anwälten der Demokratie?«, kann man hier nur verzweifelt fragen.

57 Nicht selten wurde dabei auch auf das Auschwitzlügen-Gesetz verwiesen, das den Rechten ein besonderer Dorn im Auge ist und als weiteres Beispiel für die von vielen so verachtete »Political Correctness« angesehen wird.

58 In einem Leserbrief an das *Hamburger Abendblatt* vom 12.9.2007 hieß es dazu: »Die freiheitliche, wachsame Aufarbeitung der seit über 60 Jahren verschwundenen Vergangenheit nimmt immer stärker pathologische Züge an. Es grenzt an Hysterie.«

59 Siehe auch Christian Dieter Matuschek in *DCRS online*: »Eva Herman: Rauswurf bei Kerner strategisch geplante Deformation?«: »Die Generation der 68er, der Antiautoritären, derer, die Wohlstand für alle proklamieren, aber letztendlich nur an ihrem eigenen interessiert sind, kommt einfach nicht damit klar, dass es Menschen gibt, die anders denken als sie selbst.« Im weiteren Verlauf wird den 68ern vorgeworfen, »eine Praktik totalitärer Regime« anzuwenden. Ähnliche Angriffe gegen die »68er« und die sonstigen »linken alten Säcke«, die »weiterhin das Sagen haben«, in: *Politically Incorrect,* 10.9.2007.

60 »Ist Kerner Jude?«, fragte ein *Bild*-Leser.

61 Vgl. dazu auch die beiden neuesten und sich zum Teil widersprechenden Studien von: Lars Rensmann: *Demokratie und Judenbild. Antisemitismus in der politischen Kultur der Bundesrepublik.* Wiesbaden 2004; Klaus Holz: *Die Gegenwart des Antisemitismus. Islamische, demokratische und antizionistische Judenfeindschaft.* Hamburg 2005.

62 Clemens Heni: »Entweder Broder«. In: *Die Achse des Guten,* 24.11.2007.

63 Wilhelm Heitmeyer (Hrsg.): *Deutsche Zustände.* Folge 3. Frankfurt am Main 2005. Zum Folgenden der »Kurzbericht aus dem GMF-Survey, 2005/1« von Andreas Zick und Beate Küpper über »Antisemitismus in Deutschland«.

64 »Kauft nicht bei Eva Herman!« In: *kreuz.net,* 10.10.2007.

65 »Der Fall Eva Herman. Prominente Moderatorin im Kreuzfeuer«. In: *National-Zeitung, Nr.* 38/2007.

99

66 Hartmut Hannaske: »Peinlicher Kerner, peinliches ZDF, peinliche deutsche Medien. Ein Kommentar«. In: *Readers Edition*, 13.10.2007.

67 Ich werde hier aber nicht als solcher, sondern nur als »Krone der Peinlichkeit« und »extremer Verharmloser kommunistischer Verbrechen« bezeichnet.

68 In: *adf-berlin.de*, 11.11.2007.

69 »Jüdische Lobby macht Jagd auf Eva Herman«. In: *Radio Kempten*, Oktober 2007.

70 Beim Original handelt es sich um ein Bild aus der Serie des SS-Mannes Karl Höcker, die das Washingtoner Holocaust-Museum ins Internet gestellt hatte. Ob diese in der Tat geschmacklose Fälschung wirklich in einem jüdischen Blog gezeigt wurde, konnte ich nicht herausfinden.

71 Das Ausrufezeichen bei »Sonst fallen sie herunter« kann als Drohung aufgefasst werden.

72 In: *Spiegelfechter*, 10.10.2007.

73 Zick und Küpper: »Antisemitismus in Deutschland«.

74 Zick und Küpper: »Antisemitismus in Deutschland«.

75 In: *Spiegelfechter*, 13.10.2007.

76 In: *Spiegelfechter*, 10.10.2007.

77 Hier werden gleich drei Argumente für die »Juden-sind-Täter«-These genannt. Dass Juden auch für die Hexenverfolgung verantwortlich gewesen sein sollen, findet man jedoch nur in der völkischen und faschistischen Publizistik. In christlich-fundamentalistischen Kreisen weitverbreitet ist dagegen der ebenfalls unbegründete Vorwurf, dass neben Christen auch Juden »Zwangsmissionierung« betrieben hätten. Perfide ist die übrigens auch bei einigen Afroamerikanern anzutreffende Behauptung, dass nicht einige, sondern die Juden als Gesamtheit am Sklavenhandel beteiligt waren.

78 Häufig wurde in Blogs und Briefen in direkter und indirekter Weise auf die Passionsgeschichte Christi verwiesen. Im Zusammenhang mit Eva Herman war dann immer wieder von »Folterung«, »Dornenkrone« und »Kreuzigung« die Rede.

79 In: *Spiegelfechter*, 12.10.2007.

80 »Eva Herman bei Kerner und die Folgen«. In: *ef-online*, 5.11.2007. Die weitere Diskussion in diesem Blog kehrte sich dann aber von den Juden ab hin zu den Muslimen.

81 In: *julia-seeliger.de,* 9.10.2007. Dieser Ansicht wurde aber von anderen Diskutanten energisch widersprochen.

82 In: *Altermedia.info,* 13.9.2007.

83 Einigermaßen originell war der Ausspruch eines »Hauke Haiens« (13.9.2007): »Jede Deutsche Mutter ist ein Kriegsschiff gegen den Zionismus.«

84 In: *Altermedia.info,* 20.10.2007.

85 In diesem Zusammenhang werde ich als »Judenknecht« und »antideutscher Schweinehund« bezeichnet. Überdies wurde darüber diskutiert, wo man mich am besten antreffen könne, und zwar in meiner Sprechstunde an der Uni.

86 Dass das Vertretungsorgan Zentralrat der Juden in Deutschland heißt, ist übrigens von kaum jemandem bemerkt worden. »Juden« und »Deutschland« werden offenbar als unvereinbar empfunden.

87 Die Sympathie für die Palästinenser war aber gleichzeitig mit verschiedenen antiislamischen Ausfällen verbunden. Doch auch für die angeblich islamische Überfremdung wurden wieder »die Juden« verantwortlich gemacht: »Erst wenn Deutschland islamisch ist, werden auch die Juden über ihre Fehler jammern. Dann ist es aber zu spät.«

88 Das Stereotyp von den rachsüchtigen Juden tauchte auch in anderen Leserbriefen auf. Ein Mann fragte: »Wie lange wollen die Juden noch auf der Geschichte herumreiten? Sollen meine Kinder und Kindeskinder dafür auch immer noch herhalten?« Dann folgte, wie häufig, die Täter-Opfer-Umkehrung: »Der Jude hat selber genug Dreck am Stecken.«

89 Darin stimmen auch Rensmann in *Demokratie und Judenbild* sowie Holz in *Die Gegenwart des Antisemitismus* überein. Der zwischen ihnen unterschiedlich bewertete islamische Antisemitismus tauchte naturgemäß in dieser Debatte nicht auf. Wichtig und von Holz, Rensmann und anderen Antisemitismusforschern wenig berücksichtigt ist der Zusammenhang zwischen Antisemitismus und der Verherrlichung des Dritten Reichs im Allgemeinen und »Hitlers Autobahn« im Besonderen.

90 »Das umstrittene Zitat und das, was ich wirklich sagte.« In: *eva-herman.de,* 22.9.2007.

91 Festgestellt wurde diese Strategie bereits von Michael Hanfeld: »Eva Herman? Schwamm darüber!« In: *FAZ.net*, 15.9.2007.

92 Unter anderem in: *Yahoo*-Deutschland; *apocalypso*; *Spreeblick*; *fuckup-Weblog*;*Feminismuskritik.de*.

93 André F. Lichtschlag: »Politische Korrektheit in Nöten: Die Wende im Fall Eva Herman?« In: *ef-online*, 19.10.2007; Dieter Stein: »Die Medien und Eva Herman. Von der Bildfläche verschwunden«. In: *Junge Freiheit*, Nr. 39/2007.

94 Ausführliche Textexegese in *infokrieger.blog*, 9.10.2007: »Eva Herman – Hetzkampagne und Desinformation?«; und: »Eva Herman oder als Adolf Hitler (die Nazis? Die 68er?) das rosarote Mutter-Kaninchen stahl«. In: *beltwild.blogspot.com*, 17.10.2007.

95 Kritisch zur Verschwörungshypothese und zum Fälschungsvorwurf: »Eine Art Emser Depesche«. In: *beltwild.blogspot.com*, 17.10.2007.

96 Umgekehrt ist das Internet auch zum Verschwörungsmedium der Gegenwart geworden. Vgl. dazu Gundolf Freyermuth: »Sie beobachten uns. Verschwörungstheorien blühen im Internet richtig auf«. In: *c't*, Nr. 13/1986. S. 64–70; Wippermann: *Agenten des Bösen*. S. 140 ff.

97 Vgl. dazu Tobias Jaecker: *Antisemitische Verschwörungstheorien nach dem 11. September. Neue Varianten eines alten Deutungsmusters.* Münster 2004; Wippermann: *Agenten des Bösen*. S. 134 ff.

98 Die auch in anderem Zusammenhang zu machende Beobachtung, dass dem Internet ein weitaus größerer Wahrheitsgehalt zugestanden wird als den traditionellen Medien, ist, soweit ich sehe, von der Geschichts- und Politikwissenschaft zu wenig beachtet und noch weniger erklärt worden. Hinweise dazu in verschiedenen Publikationen von Stefan Niggemeier in *bildblog.de*.

99 »Kannten sich Wippermann und Senta Berger?« In: *Politically Incorrect*, 12.10.2007. Der Autor hatte herausgefunden, dass ich in dem Film *Der unbekannte Soldat* von Senta Bergers Ehemann, Michael Verhoeven, mitgewirkt hatte. Von einigen Diskutanten in diesem Blog wurde dies als Beweis dafür angesehen, dass es sich um eine »gut organisierte« Verschwörung gegen Herman gehandelt habe. Doch zu meinem größten Bedauern habe ich Senta Berger nicht persönlich kennenlernen dürfen.

100 Auch darauf ist die *Bild*-Zeitung am 11.10.2007 eingegangen: »Warum hat Kerner sie geduzt?«

101 Gerade in den Leserbriefen an die *Bild*-Zeitung war viel von dieser »Mehrheit der Deutschen« sowie von der »Meinung des Volkes« die Rede. Verbunden war dies mit Klagen, dass *Bild* die »Meinung der Mehrheit« im Herman-Fall »ignorieren« würde, obwohl sie doch nur das »ausgesprochen« habe, »was sehr viele denken, es aber nicht auszusprechen wagen«.

102 In einem aus der Schweiz an die *Bild*-Zeitung gerichteten Leserbrief war sogar von »Juden und Freimaurern« die Rede.

103 So das Ergebnis meiner Studie über Geschichte und Gegenwart der Verschwörungsideologien: Wippermann: *Agenten des Bösen*. Nachzutragen ist, dass Eva Herman selbst niemals antisemitisch argumentiert hat.

104 Im *Medienblogger* erschien dazu am 10.9.2007 ein Artikel mit der ironisch gemeinten Überschrift: »Eva, bring uns den Führer zurück!«

Was haben wir falsch gemacht?

Alles begann mit einer Offensive für konservative Werte in einem konservativen Magazin. Dabei wurde jedoch von der Verfechterin dieser konservativen (und fundamentalistischen) Werte die in Deutschland nie scharf gezogene Grenze zwischen Konservativismus und Faschismus überschritten. Eva Hermans Lob auch der faschistischen »Werte« und anderer »guter« Aspekte des Dritten Reichs wie »Hitlers Autobahn« führte zu einem medialen Eklat – dem Herauswurf Eva Hermans aus Johannes B. Kerners Talkshow.

Dieser Vorgang löste eine heftige öffentliche Diskussion aus, die jedoch sehr bald über dieses Medienevent hinausging und zu einer Kontroverse über die NS-Zeit en gros wurde, die an den »Historikerstreit« vor 20 Jahren erinnerte. An diesem durch Eva Herman ausgelösten Streit über die NS-Zeit beteiligten sich aber keineswegs nur Historiker, Journalisten und andere Meinungsmacher, sondern auch die sonst schweigende Mehrheit, welche vorgab, die »Meinung des Volkes« oder »Stimme des Volkes« zum Ausdruck zu bringen. Dies geschah in der Tat massenhaft und in einer bisher nie da gewesenen Weise in Form von Tausenden von Briefen und Mails an die Medien sowie vor allem auch in zahlreichen Beiträgen in Blogs und Internetforen. Die selbst ernannte »Mehrheit des Volkes« wandte sich hier gegen die »Meinungsmacher« und generell gegen den vorgeblichen Mainstream. Was war die Meinung der schweigenden Mehrheit und inwiefern unterschied sie sich von der des Mainstreams?

Im Unterschied zum ersten Historikerstreit und anders als in der heutigen Öffentlichkeit standen nicht die Vergleiche zwischen Hitler und Stalin, der DDR und dem Dritten Reich im Mittelpunkt des Interesses der schweigenden Mehrheit. Dies scheint ein Elitendiskurs zu sein, der von der schweigenden Mehrheit kaum verstanden und noch weniger rezipiert wird – auf jeden Fall nicht im Westen der mental noch geteilten Republik. Von nicht wenigen Ostdeutschen wurden die DDR und das Dritte Reich nicht im negativen, sondern im positiven Sinn verglichen. So habe es doch in beiden Systemen auch »gute Seiten« gegeben, die heute leider nicht oder so nicht mehr vorhanden seien.

Unterschiede zwischen Mainstream und schweigender Mehrheit gab es auch bei der Bewertung des Herman'schen Plädoyers für die »alten Werte«. In der Öffentlichkeit fand dies nur bei einigen extrem konservativen und fundamentalistischen Kreisen, vornehmlich innerhalb der katholischen Kirche, Zustimmung. Überwiegend ablehnend reagierten dagegen die Massenmedien – anders jedoch die schweigende Mehrheit. Sie brachte ihre begeisterte Zustimmung zu Eva Hermans »Werten« massenweise zum Ausdruck. Besonders großen Beifall fanden auch ihre Vermischung konservativer mit faschistischen »Werten« und ihre Lobpreisungen der »guten« Aspekte des Dritten Reichs.

Neben der nationalsozialistischen Frauen- und Familienpolitik wurde vor allem »Hitlers Autobahn« hinzugezählt. Dass beides – »Autobahn« und »Mutterkreuz« – von der schweigenden Mehrheit immer noch so hoch und fast einhellig positiv bewertet wird, war mehr als überraschend. Schließlich sind diese angeblich positiven Aspekte des NS-Staates von der Forschung als entweder gar nicht vorhanden oder als rassistisch motiviert und konnotiert entlarvt worden. Außerdem muss jedem einigermaßen klar Denkenden bewusst sein, dass durch die wohlgemerkt vermeintlich positiven Aspekte des Dritten Reichs seine unfassbaren Verbrechen in keiner Weise relativiert werden. Dennoch wird das, wie eine neue Umfrage des Forsa-Instituts ergab, von mindestens 25 Prozent (in anderen Umfragen waren es sogar über 40 Prozent) der Deutschen nicht so gesehen – trotz alledem meinen sie, es habe auch »gute Seiten« im Dritten Reich gegeben.

Hier haben wir bei der Aufarbeitung der nationalsozialistischen Vergangenheit und der Vermittlung der dabei gewonnenen Erkenntnisse in der Gegenwart offensichtlich etwas falsch gemacht. Doch was? Haben wir uns zu sehr auf die negativen Seiten des Dritten Reichs im Allgemeinen und den Holocaust im Besonderen konzentriert? Haben wir also, anstatt auch über die Autobahn zu sprechen, nur über Auschwitz geklagt?

Wenn überhaupt, dann trifft dies erst seit einigen Jahren zu, genauer: seit der Ausstrahlung des vierteiligen Fernsehfilms *Holocaust – Die Geschichte der Familie Weiß* im Jahr 1979. Erst seitdem ist der reale Holocaust bzw. der nationalsozialistische Rassenmord überhaupt von deutschen Historikern erforscht worden. Diese »Entdeckung des Holocausts« wurde mit einer entsprechenden Verspätung auch in der Öffentlichkeit wahrgenommen, was schließlich dazu führte, dass der Holocaust heute allgegenwärtig zu sein scheint. Es vergeht kein Tag, an dem wir im Fernsehen und in den sonstigen Medien nicht mit Fakten und Bildern über den Rassenmord und die sonstigen Verbrechen des NS-Staates konfrontiert werden. So schrecklich gerade die Bilder sind, so sehr stumpfen sie den Betrachter ab, vor allem die Angehörigen der jüngeren Generationen, die lange nach dem Holocaust geboren und aufgewachsen sind. Sie haben sich »irgendwie« daran gewöhnt, obwohl und, so muss man wohl konstatieren, gerade weil sie in ihrem schulischen Leben mindestens drei Mal mit der NS-Zeit konfrontiert worden sind. Hier ist offensichtlich etwas falsch gelaufen: zunächst die Kommerzialisierung in den Medien, dann die übertriebene Didaktisierung in den Schulen. Beides war sicherlich gut gemeint, aber nicht das Gegenteil von schlecht. Man wollte belehren, statt zu unterrichten, Quote machen, statt aufzuklären.

Hinzu kommt ein anderes Moment: Durch die Konzentration auf die negativen erstrahlen die angeblich positiven Seiten des Dritten Reichs in einem umso helleren Licht. Im kollektiven Gedächtnis der Zeitgenossen war dies schon immer so. Mit dem Hinweis auf »Hitlers Autobahn« wollten sie von Auschwitz und von ihrer eigenen Schuld, dass es zu Auschwitz kommen konnte, ablenken.

Bestärkt wurden sie darin von einigen Sozialhistorikern und neurechten Ideologen wie Rainer Zitelmann, die ebenfalls auf die positiven, weil »modernen« Seiten des Dritten Reichs hingewiesen und insbesondere seine Sozialpolitik gelobt haben, um so aus dem »Schatten der Vergangenheit« herauszutreten. Dies geschah direkt und indirekt mit dem Fingerzeig, dass verschiedene der von den Nationalsozialisten eingeführten sozialpolitischen Maßnahmen sowohl in der demokratischen Bundesrepublik wie in der diktatorischen DDR beibehalten und ausgebaut worden seien, so Götz Aly mit seiner »Volksstaats«-These.

Übersehen wurde dabei jedoch, dass viele dieser sozial- und bevölkerungspolitischen Maßnahmen in einem anderen, genauer gesagt in einem rassenpolitischen Kontext standen. Ehestandsdarlehen, Ehegattensplitting, Kindergeld und andere Hilfeleistungen für kinderreiche Familien verfolgten primär ein rassen- und kein sozialpolitisches Ziel. Sie dienten der Rassenzucht und waren untrennbar mit der Rassenvernichtung im nationalsozialistischen Rassenstaat verbunden.

Dass diese Erkenntnisse der keineswegs mehr nur neueren Forschung Eva Herman selbst und anderen Beteiligten an der Herman-Diskussion so wenig bekannt waren und akzeptiert worden sind, hat jedoch auch einen anderen Grund: Man will simpel und ergreifend von der nationalsozialistischen Vergangenheit nichts mehr wissen und konzentriert sich ganz auf die Gegenwart. Schuld daran ist jedoch keineswegs nur die Allgegenwart der NS-Zeit im Fernsehen, also das, was man auch als Knoppisierung Hitlers zum Zwecke der Kommerzialisierung bezeichnen kann, auch das an sich positive Streben der Aufklärer ist ins Gegenteil umgeschlagen. Denn was zu viel ist, ist zu viel. Andererseits gibt es kein Zurück mehr; Verdrängen und Verschweigen sind unmöglich. Die nationalsozialistische Vergangenheit ist nicht vergangen, sondern Teil des heutigen politischen Diskurses geworden, allerdings mehr der schreibenden und sprechenden Elite als der schweigenden Mehrheit. Bei ihr mutiert »Vergangenheitsbewältiger« zum Schimpfwort.

Das ist ungeheuerlich, aber längst nicht alles. Auf die Forderung »Hört endlich auf!« folgt meist der Angriff auf diejenigen, die eine »Vergangenheitsbewältigung« anordnen und »uns« verbieten würden, frei, offen und sichtlich auch positiv über die NS-Zeit zu reden. Wer ist oder soll das sein? Wiederum die Angehörigen der redenden Elite, die sich hier nicht im Einklang mit der schweigenden Mehrheit befindet und der eine Verschwörung gegen eben diese schweigende Mehrheit unterstellt wird. Besonderen Zorn rufen die 68er hervor, weil sie ihre ganz persönliche Meinung allen anderen aufdrängen und sie daran hindern würden, ihre Meinung »frei und offen« auszusprechen.

Doch der eigentliche Feind ist wieder einmal »der Jude«. Nicht nur der in der Debatte besonders häufig und scharf angegriffene »Zentralrat der Juden in Deutschland«, sondern auch Israel und das »internationale Judentum«. Aus den einstigen Opfern werden Täter gemacht. In Palästina würden sie Verbrechen teilweise »wie die Nazis« begehen, und bei uns hätten sie »wieder« (ebenfalls ein problematisches Wort in diesem Kontext!) Macht, um uns um finanzieller und politischer Vorteile willen zur »Vergangenheitsbewältigung« und »Wiedergutmachung« zu zwingen.

Dies erinnert an das Bonmot des israelischen Pädagogen Zvi Rex: »Auschwitz werden die Deutschen uns Juden nie vergeben.« Der von Adorno definierte »sekundäre Antisemitismus«, dessen Kern sehr alte antisemitische Verschwörungsideologien über die ebenso teuflischen wie mächtigen Juden stehen, konnte auch in diesem »Historikerstreits der schweigenden Mehrheit« nachgewiesen werden. Nach den neuesten Umfragen ist er bei weit mehr als 20 Prozent der gegenwärtigen Deutschen anzutreffen.

Möglicherweise gibt es hier einen Zusammenhang. Möglicherweise sind die, die aus jüdischen Opfern israelische Täter machen, die gleichen, die immer noch meinen, dass Hitler die

Autobahn gebaut und noch andere »gute« Dinge getan hat. Auf jeden Fall ist sowohl die Verklärung des Dritten Reichs wie die Verdammung der Juden bedenklich. Übertroffen wird beides nur noch von der offenen Forderung an das »deutsche Volk«, endlich stark zu werden und mit »alledem Schluss« zu machen. Will man wieder einen Führer und Erlöser haben, der uns von alldem frei macht – von unserer Schuld wie von unseren (jüdischen) Feinden? Fast scheint es so. Wir können uns dessen nicht erwehren, dass wir auch hier einiges falsch gemacht haben. Aber was?

Vor allem haben wir nicht genau hingehört, was die vormals schweigende Mehrheit heute keineswegs mehr nur denkt, sondern mittlerweile auch von sich gibt, zumindest im halböffentlichen und privaten Bereich der Blogs und Briefe. Weiterhin haben wir dieses, nennen wir es mal »Grummeln der schweigenden Mehrheit« zu schnell und zu voreilig entschuldigt, eben weil es sich doch ›nur‹ um die schweigende Mehrheit handelt. Schließlich haben wir nicht rechtzeitig und nicht radikal genug eingegriffen.

Dies ist nicht der Ruf nach dem Gesetzgeber oder gar dem Zensor. Wir sind eine freie Gesellschaft und müssen es bleiben. Dennoch und gerade deshalb ist es unabdingbar, die Feinde dieser freien Gesellschaft zu entlarven und ihnen offen entgegenzutreten. Und dieser Feind steht, um den berühmten Ausspruch des Reichskanzlers Joseph Wirth aus dem Jahr 1922 aufzugreifen, immer noch rechts. Allerdings ist er heute schwerer zu identifizieren als damals. Er tritt nämlich keineswegs nur in der Öffentlichkeit auf, etwa in Gestalt von rechten und rechtsradikalen Parteien. Viel bedrohlicher scheint die schweigende Mehrheit zu sein, zu deren Sprachrohr sich der hessische Ministerpräsident Roland Koch jüngst erklärt hat. Sie hat sich in diesem Historikerstreit zu Wort gemeldet. Laut, drohend und gefährlich. Diese neue alte Gefahr muss erkannt und bekämpft werden. Ich hoffe, dass diese kleine Bestandsaufnahme eines gar nicht so kleinen und mitnichten unwichtigen »Historikerstreits der schweigenden Mehrheit« dazu beitragen kann.

Zitate

Was Eva Herman sagte

»Wir müssen den Familien Entlastung und nicht Belastung zumuten und müssen auch 'ne Gerechtigkeit schaffen zwischen kinderlosen und kinderreichen Familien. Und wir müssen vor allem das Bild der Mutter in Deutschland auch wieder wertschätzen lernen, das leider ja mit dem Nationalsozialismus und der darauffolgenden 68er-Bewegung abgeschafft wurde. Mit den 68ern wurde damals praktisch alles das, alles, was wir an Werten hatten – es war 'ne grausame Zeit, das war ein völlig durchgeknallter, hochgefährlicher Politiker, der das deutsche Volk ins Verderben geführt hat, das wissen wir alle – aber es ist damals eben auch das, was gut war, und das sind Werte, das sind Kinder, das sind Mütter, das sind Familien, das ist Zusammenhalt – das wurde abgeschafft. Es durfte nichts mehr stehen bleiben ...«

Eva Herman am 6. September 2007, nach der Tonbandniederschrift

»Natürlich ist er (der Begriff Gleichschaltung; Anm. d. Verf.) da (in der NS-Zeit; Anm. d. Verf.) benutzt worden, aber es sind auch Autobahnen damals gebaut worden, und wir fahren heute drauf.«

»Ich muss einfach lernen, dass man über den Verlauf unserer Geschichte nicht reden kann, ohne in Gefahr zu geraten.«

Eva Herman am 9. Oktober 2007 in der *Kerner*-Talkshow

Was *Bild*-Leser schrieben

Alle folgenden Zitate stammen aus bislang unveröffent-
lichten Leserbriefen vom 9. bis 14. Oktober 2007.

»Nicht alles schlecht«

»Jedes Regime, mag es noch so schlecht gewesen sein, hatte auch irgendwelche Vorteile, die man doch ganz unpolitisch mal erwähnen darf.«

»Kerner, wie viele andere Zeitgenossen, hat noch nicht begriffen, dass 12
Jahre ›Nazizeit‹ nicht nur aus Vernichtung und Elend bestanden, sondern
auch positive Seiten hatte – manches war sogar besser als heute.«

»Autobahn«

»Eva Herman hat gesagt, Hitler hat die Autobahnen gebaut und wir fahren
heute noch darüber. Ich verstehe die Aufregung nicht, denn es sind doch
Tatsachen. Ohne Hitlers Autobahn wäre der Verkehr schon lange zusam-
mengebrochen. Es fehlt nur noch, dass die linken Chaoten verlangen, dass
die Autobahnen gesperrt werden, wie sie von Hitler gebaut wurden.«

»Ich bin 84 Jahre alt und habe auch nicht alles gutgeheißen im Dritten
Reich, aber wenn es die Autobahnen von damals nicht mehr geben würde,
sähe es im Fernverkehr wohl schlecht aus bei der Bauqualität heutzutage.«

»Aber es sind auch Autobahnen damals gebaut worden, und wir fahren heute drauf. Ist das so ein schlimmer Satz, dass sich die Gäste und das Publikum
darüber aufregen müssten? Dann sollen halt die ›schlauen Leute‹ fordern,
dass die Autobahn eingerissen wird und wir wieder auf Feldwegen fahren.«

»Frau Herman hat doch recht. Die Autobahnen, über die wir fahren, sind
nun mal von Hitler gebaut worden. Mit solchen Aussagen ist man doch
nicht gleich ein Befürworter Hitlers, oder? Wir sollten alle vielleicht mal
mit unserer deutschen Geschichte offener umgehen und nicht alle gleich
als Rechtsradikale abstempeln.«

»Aber Fakt ist doch, dass es eben Hitler war, der die Autobahnen weitergebaut hat und wir auf diesen auch heute noch fahren. Und ich vermute, dass selbst unsere jüdischen Landsleute auch diese Autobahnen befahren.«

»Das größte Denkmal, das an Hitler erinnert, sind die Autobahnen – egal ob alt oder neu, und ich freue mich immer wieder, wenn ich eine befahren darf, und danke Hitler für diese großartige Leistung. Wohltuend zu wissen: Dieses Denkmal kann man nicht abreißen.«

»Frauen« und »Familie«

»Warum versucht man über die Medien Frau Herman zu schaden? Sie hat doch nur aufgezeichnet, was im Dritten Reich nicht schlecht war. Die damalige Familienpolitik war in Ordnung.«

»Nie wieder gab es mehr so intakte Familien und ein Schulsystem, das uns zum Lernen ermunterte und für das Leben so hervorragend vorbereitete. Das hat mit ›Adolf‹ nichts zu tun. Das taten die Menschen ganz allein und von sich aus. Mütter-Tagesstätten und Kinderhorte waren für jeden da und unentgeltlich. Es war eine gute, glückliche Zeit.«

»Tatsache ist auch, dass er (Hitler; Anm. d. Verf.) sehr viel für Mütter und Kinder getan hat, z. B. Sammlungen fürs Müttergenesungswerk, Müttererholungsheime etc. Um gute Transportwege zu haben, hat er die Autobahnen bauen lassen, auf denen wir ja tatsächlich heute noch fahren.«

»Zu Hitlers Zeiten gab es keine Kinderschänder und Verbrecher! Keine Frauen, die unfähig waren, ihre Kinder zu erziehen, das haben die Mütter alles allein geschafft.«

»Selbst die alte Generation sagt, dass das Dritte Reich in einigen Dingen gut war, denn da konnten Kinder und Frauen noch unbeschwert auf die Straße gehen.«

»Früher herrschten Anstand, Zucht, Ehre und Ordnung. Heute haben wir eine Verluderung unserer Gesellschaft von A bis Z. Daran ist die rot-grüne Weicheier- und Antiautoritätserziehung zu einem großen Teil mitschuldig.«

»Nicht frei reden können«

»Zu Frau Eva Hermans Äußerung, dass man über den Verlauf unserer Geschichte nicht reden kann, ohne in Gefahr zu geraten: Wie wahr!«

»Warum darf in Deutschland niemand seine Meinung äußern? Es gab in Nazideutschland auch gute und vernünftige Dinge, das ist meine Meinung.«

»Es scheint in Deutschland noch immer fatal zu sein, wenn man auch nur am Rande Begriffe aus der NS-Zeit zu zitieren wagt.«

»Erstaunlich, dass man in unserem Land nicht über Geschichte sprechen darf. §130 lässt grüßen.«

»Beschämend für den deutschen Rechtsstaat ist, dass die Meinungsfreiheit GG Artikel 5 durch öffentlich-rechtliche Medien infrage gestellt wird.«

»Selbst wer Zustände aus der Zeit zwischen 1933 und 1945, die nicht mit Rassenverfolgung, Kriegsführung oder Propaganda im Zusammenhang stehen, vergleichend mit der heutigen Zeit bewertet, wird automatisch in die rechte Ecke gedrängt. Das widerspricht dem Grundsatz einer Demokratie!«

»Man darf in Deutschland nicht die Wahrheit sagen. Es tut mir leid für Frau Herman. Man muss sich schämen, ein Deutscher zu sein. Demokratie kennt man bei uns nicht. Ob Presse oder Fernsehen, alles wird kontrolliert. Und das schönste ist, dass wir dafür die Sender noch bezahlen. Wir bezahlen für Lug und Trug!«

»Darf man jetzt in Deutschland nicht mehr seine Meinung vertreten? Was ist aus Deutschland geworden? Überall schicken sie unser Geld hin.«

»Am Beispiel der Kampagne gegen Frau Herman zeigt sich, dass die durch unser Grundgesetz verbriefte Meinungsfreiheit dort endet, wo die Regeln der ›Political Correctness‹ berührt werden, die letztlich nichts anderes sind als der Heiligenschein der Scheinheiligen. Wer gegen sie verstößt, wird kurzerhand ins außerdemokratische Abseits gestellt. Schade, dass das Demokratieverständnis allzu oft seine Grenzen dort findet, wo immer die ›Political Correctness‹ gerade ins weltanschauliche Kalkül passt.«

»In diesem Lande wird schon viel zu lange der Mund verboten, Frau Herman hat in allen Punkten recht! Es ist schon jemand vom Himmel gefallen, der die Wahrheit sagte, ich denke da an Möllemann, wie lange soll das noch so gehen? Die, die das betreiben, sollen erst mal im eigenen Land für Recht und Ordnung sorgen und sich an die eigene Nase fassen. Bin ich jetzt auch ein Nazi, weil ich diesen Text geschrieben habe? Na dann: Gute Nacht, Deutschland.«

»Zentralrat der Juden«

»So weit ich weiß, haben wir ja eine Meinungsfreiheit, und da lasse ich mir auch von einem Zentralrat der Juden nicht seine Meinung aufdrücken. Und noch eins: Ich bin kein ›Rechter‹ – und werde auch keiner werden.«

»Ich bin Nachkriegsjahrgang und empfinde es als genauso unerträglich, permanent die Kommentare vom Zentralrat der Juden zu ertragen.«

»Der gute ›Zentralrat‹ niest und die deutsche Presse steht stramm und tut ihre Pflicht!«

»Und alles höchstwahrscheinlich auf Druck der sogenannten Jüdischen Gemeinde Deutschlands.«

»In ihrem Beitrag durfte die Äußerung des Zentralrats der Juden auch wieder nicht fehlen. Ist der Zentralrat ein Aufsichtsgremium, das alle Gespräche registriert, beurteilt und überwacht?«

»Der Zentralrat der Juden wacht über ganz Deutschland.«

»Wir sollen ja nicht stolz darauf sein, dass es einen gab, der Millionen von Menschen umbringen ließ, aber darf man nicht einzelne Dinge gutheißen, ohne dass gleich eine große Diskussion in der Presse entfacht wird und ohne dass sich der Zentralrat der Juden einschaltet und uns ohne Umschweife zu verstehen gibt, dass wir unsere Demutshaltung nicht verlassen dürfen!«

»Es ist schon bezeichnend, dass der Zentralrat der Juden aus seinen Löchern gekrochen kommt, wenn es darum geht, Deutsche zu kritisieren. Wo bleibt die Kritik an den israelischen Staatsmorden in Palästina? Kein Wort der Kritik des Zentralrates hierzu. Pfui!«

»Auch der Zentralrat der Juden sollte sich lieber damit befassen, mit welchen Mitteln die israelische Regierung Andersdenkende unterdrückt.«

»Juden«

»Ich möchte betonen, dass ich nichts gegen Juden hatte, aber mittlerweile artet es zu regelrechtem Haß aus!«

»Herr Kerner sollte sich schämen – oder ist er auch ein Jude?«

»Hat man eine Meinung zu einem Thema, welches Israel und Juden auch nur in irgendeiner Art und Weise kritisch tangieren könnte, wird man sofort als Nazi stigmatisiert.«

»Stehen wir wirklich so unter dem Einfluss der Juden, dass Deutsche sich nicht frei, so wie es die Verfassung schreibt, in der Öffentlichkeit zu unserer Geschichte äußern können?«

»Wie lange sollen denn noch die Kinder für die Taten der Eltern büßen? Und das Getue mit den Juden und dem Antisemitismus ist doch nur Theater!«

»Wie lange wollen die Juden noch auf der Geschichte herumreiten? Sollen meine Kinder und Kindeskinder dafür auch immer noch herhalten? (...) Der Jude hat selber genug Dreck am Stecken und sollte sich mal an seine eigene Nase fassen.«

»Da muss sich Deutschland über 60 Jahre nach Kriegsende vorwerfen lassen, dass keine Kriegsverbrecher mehr verurteilt werden (so viele leben ja auch nicht mehr), aber jede Kritik an Israel und deren Umgang mit den Palästinensern wird mit dem Totschlagargument des Antisemitismus im Keim erstickt.«

»Und wenn man sieht, was in Israel passiert, weiß ich ehrlich gesagt nicht, warum der deutsche Staat immer noch für damals verfolgte Juden zahlt.«

»Verschwörung«

»Im Fall Herman entsteht der Verdacht, dass Eva Herman Opfer einer Verschwörung geworden ist (...) durch den sogenannte Zentralrat der Juden, der sich 60 Jahre damit beschäftigt hat, die deutsche Vergangenheit finanziell auszuschlachten und mit diversen Geldspenden an öffentliche Einrichtungen die Zeitgeschichte entsprechend beeinflusste.«

»Sie (Eva Herman; Anm. d. Verf.) wird aufgrund einer Äußerung, mit der sie im Kern ja auch recht hat, an den Pranger gestellt, was meine Meinung verstärkt, dass wir hier in Deutschland, 62 Jahre nach Kriegsende, immer noch von Juden regiert und gesteuert werden.«

»Ich lese eigentlich grundsätzlich nicht das Schmutzblatt *Bild*, welches erklärtermaßen den USA/Israel verpflichtet ist. Ich finde Ihre Hetze gegen ›Eva‹ durchaus positiv, da auf diese Weise immer größere Teile der Bevölkerung erkennen, in was für einem System sie leben müssen.«

»Und die Juden feiern Springer. Wer mag das kleine Jüdlein sein, das beim Springer geht aus und rein?«

»Deutschland hat keine freie Presse oder Politik! Seit 1945 hat Deutschland einen alliierten/jüdischen Maulkorb. Deutschland hat sein Rückgrat verloren, und die Juden und die Freimaurer sorgen dafür, dass Ihr nie wieder eins kriegt … stattdessen Hartz IV.«

»Sehr geehrter Herr Professor«

Aus Briefen und Mails an mich von Oktober bis November 2007

»Sehen Sie sich die Presseberichterstattung an: Finden Sie Ihr Gespräch mit Frau Herman darin korrekt wiedergegeben? In nahezu allen Blättern, sogar im fernen Zürich (*NZZ*), wird unisono davon gesprochen, dass Eva Herman die Themen Familienpolitik und Autobahnen der Nazis in einen Topf geworfen hat. Richtig ist aber, dass Sie mit ihr um den Begriff ›Gleichschaltung‹ gezankt haben (…) und dabei zwecks sprachlichem Vergleich das Wort ›Autobahn‹ fiel. Die *dpa* hat daraus ein Zitat konstruiert, das Frau Herman zwischen den Zeilen wiederum unterstellt, sie sehe in der Familienpolitik der Nazis etwas Gutes.«

»Neben Autobahnen und ›gleichgeschalteter Presse‹ sollten die Ankläger von Frau Herman konsequenterweise auch auf Ehegattensplitting, Krankenversicherung für Rentner und Kindergeld verzichten! Ehestandsdarlehen, die durch die Geburt von vier Kindern vollständig getilgt werden konnten, kann ich als dreifacher Familienvater nun wirklich nicht schlecht finden.«

»Nach Ihrem Auftrittt in der Sendung *Johannes B. Kerner* mit Eva Herman musste ich feststellen, Sie haben ein nicht unerhebliches Defizit an Wissen aus der Zeit von 1918 bis 1945 – oder Sie bekommen Ihre Kommentare von der zurzeit herrschenden Meinungsindustrie vorgebetet. Das ist zu sehr offensichtlich. Sie sollten noch etwas warten bis Ihre Aussagen offenkundig werden. Auch Ihre Kommentare in der *Bild*-Zeitung vom 12. Oktober 2007 haben nichts mit historisch wissenschaftlichen Untersuchungsergebnissen zu tun, es sind abgedroschene Parolen aus dem Propagandaapparat der Siegermächte.«

»Habe Sie gerade in der Sendung von Johannes B. Kerner gesehen und muss Ihnen sagen, dass ich es widerlich fand, wie Frau Herman von fünf Leuten gleichzeitig fertiggemacht wurde. Ihr Auftritt und der Ihrer vier Mitstreiter war peinlich, respektlos, billig und intolerant. Das war ein Schauprozess widerlichster Art. Mein Eindruck war, dass Frau Hermans Rauswurf geplant war. Trotzdem haben Sie und Ihre Mitstreiter auf der ganzen Linie verloren. Und erst recht werden die Leute jetzt hinter Frau Herman stehen. Leute wie Sie möchte ich für meine Rundfunkgebühren eigentlich nicht mehr im Fernsehen ertragen müssen. Und ganz sicher würde ich bei Ihnen nicht studieren wollen. Nehmen sie das zur Kenntnis! SHAME ON YOU!!!«

»Ihr Auftreten bei Kerner war kein Ruhmesblatt für die deutsche Geschichtswissenschaft. Ich bin froh, in Münster und Tübingen Zeitgeschichte studiert zu haben. Vermutlich haben auch Sie ein 68er-Syndrom, das die Klarheit Ihres Denkens und Ihrer Schlussfolgerungen vernebelt.«

»Sie sind eine unredliche, antiintellektuelle Ratte. Gleichwohl, was will man von einem Kommunisten erwarten? Die gleichnamigen Nager mögen mir verzeihen! Gottlob sind Ihresgleichen die Vergangenheit. Der geistige Trümmerhaufen einer liberalen Dystopie, den wir alsbald nur mehr abzutragen brauchen!«

»Die hätten auch kaum eine widerlichere Kreatur als Wolfgang Wippermann finden können. Dieser ›Historiker‹ ist einer der radikalsten Vergangenheitsbewältiger der BRD-Systemhistoriker, eine linksaußen anzusiedelnde Ratte und ein perverser Deutschenhasser. (…) Würde ein Professor es wagen, so über IRGENDEIN anderes Volk herzuziehen, wie es dieser Volksschädling permanent getan hat, würde dieser nicht nur entlassen, sondern auch noch angeklagt. (…) Dies ist keine Einzelmeinung aus unzähligen Foren – also Schnabel halten und aufs Urteil warten – wir vergessen niemanden!«

Ausgewählte Literatur

Aly, Götz: *Hitlers Volksstaat. Raub, Rassenkrieg und nationaler Sozialismus.* Frankfurt am Main u. a. 2005.

Arendt, Hannah: *Elemente und Ursprünge totaler Herrschaft.* Frankfurt am Main 1955 (zuerst 1951).

Augstein, Rudolf u. a.: *»Historikerstreit«. Die Dokumentation der Kontroverse um die Einzigartigkeit der nationalsozialistischen Judenvernichtung.* München, Zürich 1987.

Backes, Uwe, Eckhard Jesse und Rainer Zitelmann (Hrsg.): *Die Schatten der Vergangenheit. Impulse zur Historisierung des Nationalsozialismus.* Frankfurt am Main, Berlin 1990.

Bajohr, Frank und Dieter Pohl: *Der Holocaust als offenes Geheimnis. Die Deutschen, die NS-Führung und die Alliierten.* München 2006.

Benz, Wolfgang (Hrsg.): *Legenden, Lügen, Vorurteile. Ein Wörterbuch zur Zeitgeschichte.* München 1992.

Bock, Gisela: »Ein Historikerinnenstreit?« In: *Geschichte und Gesellschaft,* Nr. 18/1992. S. 400—404.

Burleigh, Michael und Wolfgang Wippermann: *The Racial State. Germany 1933—1945.* Cambridge ^{8}2003.

Courtois, Stéphane u. a.: *Das Schwarzbuch des Kommunismus. Unterdrückung, Verbrechen und Terror.* München 1998.

Deckenbach, Karin: *War was, Eva? Wer sich nicht wehrt, endet am Herd.* München 2006.

Diekmann, Kai: *Der große Selbst-Betrug. Wie wir um unsere Zukunft gebracht werden.* München, Zürich 2007.

Diner, Dan (Hrsg.): *Ist der Nationalsozialismus Geschichte? Zu Historisierung und Historikerstreit.* Frankfurt am Main 1987.

Dubiel, Helmut: *Niemand ist frei von der Geschichte. Die nationalsozialistische Herrschaft in den Debatten des Deutschen Bundestages.* München, Wien 1999.

Elm, Ludwig: *Das verordnete Feindbild. Neue deutsche Geschichtsideologie und »antitotalitärer Konsens«.* Köln 2001.

Elm, Ludwig: *Der deutsche Konservativismus nach Auschwitz. Von Adenauer und Strauß zu Stoiber und Merkel.* Köln 2007.

Evers, Herrmann: *Super, Eva! Männer sagen Danke für eine neue Dämlichkeit.* Frankfurt am Main 2006.

Fabio, Udo di: *Die Kultur der Freiheit.* München 2005.

Frauengruppe Faschismusforschung (Hrsg.): *Mutterkreuz und Arbeitsbuch. Zur Geschichte der Frauen in der Weimarer Republik und im Nationalsozialismus.* Frankfurt am Main 1981.

Friedländer, Saul: *Kitsch und Tod. Der Widerschein des Nazismus.* München 1986.

Furet, François: *Das Ende der Illusion. Der Kommunismus im 20. Jahrhundert.* München, Zürich 1996.

Glaessner, Gert-Joachim: *Kommunismus, Totalitarismus, Demokratie. Studien zu einer säkularen Auseinandersetzung.* Frankfurt am Main u. a. 1995.

Goldhagen, Daniel Jonah: *Hitlers willige Vollstrecker. Ganz gewöhnliche Deutsche und der Holocaust.* Berlin 1996.

Greiffenhagen, Martin: *Das Dilemma des Konservativismus in Deutschland.* Frankfurt am Main 1986.

Grunenberg, Antonia: *Antifaschismus – ein deutscher Mythos.* Reinbek 1993.

Haury, Thomas: *Antisemitismus von links. Kommunistische Ideologie, Nationalismus und Zionismus in der frühen DDR.* Hamburg 2002.

Heer, Hannes und Klaus Naumann (Hrsg.): *Vernichtungskrieg. Verbrechen der Wehrmacht 1941 bis 1944.* Hamburg 1995.

Heitmeyer, Wilhelm (Hrsg.): *Deutsche Zustände, Folge 3.* Frankfurt am Main. 2005

Herf, Jeffrey: *Divided Memory. The Nazi Past in the Two Germanys.* Cambridge 1997.

Herman, Eva: *Vom Glück des Stillens. Körpernähe und Zärtlichkeit zwischen Mutter und Kind.* Hamburg 2003.

Herman, Eva und Stephan Valentin: *Mein Kind schläft durch – der natürliche Weg zu ruhigen Nächten für Groß und Klein.* Berlin 2005.

Herman, Eva (mit Christine Eichel): *Das Eva-Prinzip. Für eine neue Weiblichkeit.* München, Zürich 2006.

Herman, Eva: *Das Prinzip Arche Noah. Warum wir die Familie retten müssen.* München, Zürich 2007.

Hertel, Peter: *Glaubenswächter. Katholische Traditionalisten im deutschsprachigen Raum.* Würzburg 2000.

Holz, Klaus: *Die Gegenwart des Antisemitismus. Islamistische, demokratische und antizionistische Judenfeindschaft.* Hamburg 2005.

Institut für Zeitgeschichte (Hrsg.): *Totalitarismus und Faschismus. Eine wissenschaftliche und politische Begriffskontroverse.* München, Wien 1980.

Jaecker, Tobias: *Antisemitische Verschwörungstheorien nach dem 11. September. Neue Varianten eines alten Deutungsmusters.* Münster 2004.

Jäger, Siegfried: *Kritische Diskursanalyse. Eine Einführung.* Münster ⁴2004.

Jäger, Siegfried und Alfred Schobert (Hrsg.): *Weiter auf unsicherem Grund. Faschismus, Rechtsextremismus, Rassismus. Kontinuitäten und Brüche.* Duisburg 2000.

Jäger, Siegfried und Franz Januscheck (Hrsg.): *Gefühlte Geschichte und Kämpfe um Identität.* Münster 2004.

Kershaw, Ian: *Der NS-Staat. Geschichtsinterpretationen und Kontroversen im Überblick.* Reinbek 1988.

Keßler, Mario: *Antisemitismus, Zionismus und Sozialismus. Arbeiterbewegung und jüdische Frage im 20. Jahrhundert.* Mainz 1993.

Kirsch, Jan-Holger: »*Wir haben aus der Geschichte gelernt«. Der 8. Mai als politischer Gedenktag in Deutschland.* Köln u. a. 1999.

Kloke, Martin W.: *Israel und die deutsche Linke. Zur Geschichte eines schwierigen Verhältnisses.* Frankfurt am Main 1990.

Klotz, Johannes und Ulrich Schneider (Hrsg.): *Die selbstbewusste Nation und ihr Geschichtsbild. Geschichtslegenden der Neuen Rechten. Faschismus, Holocaust, Wehrmacht.* Köln 1997.

Klotz, Johannes (Hrsg.): *Schlimmer als die Nazis. Das »Schwarzbuch des Kommunismus«, die neue Totalitarismusdebatte und der Geschichtsrevisionismus.* Köln 1999.

Knabe, Hubertus: *Die unterwanderte Republik. Stasi im Westen.* Berlin 1999.

Knütter, Hans-Helmuth: *Die Faschismuskeule. Das letzte Aufgebot der deutschen Linken.* Frankfurt am Main, Berlin 1993.

Koenen, Gerd: *Utopie der Säuberung. Was war der Kommunismus?* Berlin 1998.

Koonz, Claudia: *Mothers in the Fatherland.* Women, the Family and Nazi Politics. New York 1986.

Kraushaar, Wolfgang: *1968 als Mythos, Chiffre und Zäsur.* Hamburg 2000.

Kraushaar, Wolfgang: *Linke Geisterfahrer. Denkanstöße für eine antitotalitäre Linke.* Frankfurt am Main 2001.

Lenk, Kurt: *Volk und Staat. Strukturwandel politischer Ideologien im 19. und 20. Jahrhundert.* Stuttgart u. a. 1971.

Lenk, Kurt: *Rechts, wo die Mitte ist. Studien zur Ideologie. Rechtsextremismus, Nationalsozialismus, Konservatismus.* Baden-Baden 1994.

Loewy, Hanno (Hrsg.): *Holocaust: Die Grenzen des Verstehens. Eine Debatte über die Besetzung der Geschichte.* Reinbek 1992.

Mason, Timothy W.: *Sozialpolitik im Dritten Reich. Arbeiterklasse und Volksgemeinschaft.* Opladen 1977.

Matussek, Matthias: *Die vaterlose Gesellschaft. Eine Polemik gegen die Abschaffung der Familie.* Frankfurt am Main 2006.

Mecklenburg, Jens und Wolfgang Wippermann (Hrsg.): *»Roter Holocaust«? Kritik des Schwarzbuchs des Kommunismus.* Hamburg 1998.

Meyer, Klaus und Wolfgang Wippermann, (Hrsg.): *Gegen das Vergessen. Der Vernichtungskrieg gegen die Sowjetunion 1941—1945. Deutsch-sowjetische Historikerkonferenz im Juni 1991 in Berlin über Ursachen, Opfer, Folgen des deutschen Anriffs auf die Sowjetunion.* Frankfurt am Main 1992.

Meyer zu Uptrup, Wolfram: *Kampf gegen die »jüdische Weltverschwörung«. Propaganda und Antisemitismus der Nationalsozialisten 1919–1945.* Berlin 2003.

Möller, Horst (Hrsg.): *Der Rote Holocaust und die Deutschen. Die Debatte um das »Schwarzbuch des Kommunismus«.* München, Zürich 1999.

Nick, Désirée: *Eva go home. Eine Streitschrift.* Frankfurt am Main 2007.

Niethammer, Lutz: *Kollektive Identität. Heimliche Quellen einer unheimlichen Konjunktur.* Reinbek 2000.

Nolte, Ernst: *Der Faschismus in seiner Epoche.* München 1963.

Nolte, Ernst: *Deutschland und der Kalte Krieg.* München, Zürich 1974.

Nolte, Ernst: *Der europäische Bürgerkrieg 1917–1945. Nationalsozialismus und Bolschewismus.* Berlin, Frankfurt am Main 1987.

Nolte, Ernst: *Streitpunkte. Heutige und künftige Kontroversen um den Nationalsozialismus.* Berlin, Frankfurt am Main 1993.

Pehle, Walter H. (Hrsg.): *Der historische Ort des Nationalsozialismus. Annäherungen.* Frankfurt am Main 1990.

Peter, Jürgen: *Der Historikerstreit und die Suche nach einer nationalen Identität der achtziger Jahre.* Frankfurt am Main u. a. 1995.

Petzold, Joachim: *Wegbereiter des deutschen Faschismus. Die Jungkonservativen in der Weimarer Republik.* Köln 1978.

Prinz, Michael und Rainer Zitelmann (Hrsg.): *Nationalsozialismus und Modernisierung.* Darmstadt 1991.

Reichel, Peter: *Der schöne Schein des Dritten Reiches. Faszination und Gewalt des Faschismus.* München, Wien 1991.

Reichel, Peter: *Politik mit der Erinnerung. Gedächtnisorte im Streit um die nationalsozialistische Vergangenheit.* Frankfurt am Main 1999.

Reichel, Peter: *Vergangenheitsbewältigung in Deutschland. Die Auseinandersetzung mit der NS-Diktatur von 1945 bis heute.* München 2001.

Rensmann, Lars: *Demokratie und Judenbild. Antisemitismus in der politischen Kultur der Bundesrepublik Deutschland.* Wiesbaden 2004.

Roth, Karl Heinz: *Geschichtsrevisionismus. Die Wiedergeburt der Totalitarismustheorie.* Hamburg 1999.

Schildt, Axel u. a. (Hrsg.): *Dynamische Zeiten. Die 60er Jahre in den beiden deutschen Gesellschaften.* Hamburg 2000.

Schmidt, Maruta und Gabi Dietz (Hrsg.): *Frauen unterm Hakenkreuz.* Eine Dokumentation. Berlin 1983.

Schoeps, Julius H. und Joachim Schlör (Hrsg.): *Antisemitismus. Vorurteile und Mythen.* München, Zürich 1995.

Schoeps, Julius H. (Hrsg.): *Ein Volk von Mördern? Die Dokumentation zur Goldhagen-Kontroverse um die Rolle der Deutschen im Holocaust.* Hamburg 1996.

Schütz, Erhard und Eckhard Gruber: *Mythos Reichsautobahn Bau und Inszenierung der »Straßen des Führers« 1933–1941.* Berlin 1996.

Selling, Jan: *Aus den Schatten der Vergangenheit. Deutschlands nationale Identitätssuche nach 1990.* Leipzig 2007.

Steininger, Rolf (Hrsg.): *Der Umgang mit dem Holocaust. Europa, USA, Israel.* Wien u. a. 1994.

Stephenson, Jill: *Women in Nazi Society.* London 1975.

Stillig, Jürgen und Wolfgang Wippermann: *Der Nationalsozialismus. Die Zeit der NS-Herrschaft und ihre Bedeutung für die deutsche Geschichte.* Berlin 2000.

Stommer, Rainer (Hrsg.): *Reichsautobahn. Pyramiden des Dritten Reichs. Analysen zur Ästhetik eines unbewältigten Mythos.* Marburg 1982.

Thalmann, Rita: *Frausein im Dritten Reich.* München, Wien 1984.

Wehler, Hans-Ulrich: *Entsorgung der deutschen Vergangenheit? Ein polemischer Esssay zum »Historikerstreit«.* München 1988.

Welzer, Harald, Sabine Moller und Karoline Tschuggnall: *»Opa war kein Nazi«. Nationalsozialismus und Holocaust im Familiengedächtnis.* Frankfurt am Main 2002.

Wielenga, Friso: *Schatten deutscher Geschichte. Der Umgang mit dem Nationalsozialismus und der DDR-Vergangenheit in der Bundesrepublik.* Vierow 1995.

Winkler, Dörte: *Frauenarbeit im »Dritten Reich«.* Hamburg 1977.

Wippermann, Wolfgang (Hrsg.): *Kontroversen um Hitler.* Frankfurt am Main 1986.

Wippermann, Wolfgang: »›Revisionismus light‹. Die Modernisierung und ›vergleichende Verharmlosung‹ des ›Dritten Reichs‹«. In: Brigitte Bailer-Galanda, Wolfgang Benz und Wolfgang Neugebauer (Hrsg.): *Die Auschwitzleugner. »Revisionistische« Geschichtslüge und historische Wahrheit.* Berlin 1996. S. 237–251.

Wippermann, Wolfgang: *Totalitarismustheorien. Die Entwicklung der Diskussion von den Anfängen bis heute.* Darmstadt 1997.

Wippermann, Wolfgang: *Faschismustheorien. Die Entwicklung der Diskussion von den Anfängen bis heute.* Darmstadt 1997.

Wippermann, Wolfgang: *Wessen Schuld? Vom Historikerstreit zur Goldhagen-Kontroverse.* Berlin 1997.

Wippermann, Wolfgang: »Verdiente Revisionisten. Alfred Schickel und die ›Zeitgeschichtliche Forschungsstelle Ingolstadt (ZFI)‹«. In: Johannes Klotz und Ulrich Schneider (Hrsg.): *Die selbstbewusste Nation und ihr Geschichtsbild. Geschichtslegenden der Neuen Rechten. Faschismus, Holocaust, Wehrmacht.* Köln 1997. S. 78–95.

Wippermann, Wolfgang: *Konzentrationslager. Geschichte, Nachgeschichte, Gedenken.* Berlin 1999.

Wippermann, Wolfgang: *Umstrittene Vergangenheit. Fakten und Kontroversen zum Nationalsozialismus.* Berlin 1998.

Wippermann, Wolfgang: »Goldhagen und die deutschen Historiker«. In: Jürgen Elsässer und Andrei S. Markovits (Hrsg.): *»Die Fratze der eigenen Geschichte«. Von der Goldhagen-Debatte zum Jugoslawien-Krieg.* Berlin 1999. S. 14–28.

Wippermann, Wolfgang: »Geschichtspolitik – Zu aktuellen zeitgeschichtlichen Kontroversen«. In: *Praxis Politische Bildung*, Nr. 3/1999. S. 285–289.

Wippermann, Wolfgang: »Es war doch gar nicht so schlimm: Revisionismus und Vergangenheitsbewältigung«. In: Albrecht Lohrbächer u. a. (Hrsg.): *Schoa – Schweigen ist unmöglich. Erinnern, Lernen, Gedenken.* Stuttgart u. a. 1999. S. 57–67.

Wippermann, Wolfgang und Werner Loh (Hrsg.): *»Faschismus« kontrovers.* Stuttgart 2002.

Wippermann, Wolfgang: *Rassenwahn und Teufelsglaube.* Berlin 2005.

Wippermann, Wolfgang: »Deutsche Katastrophe«: Meinecke, Ritter und der erste Historikerstreit. In: Gisela Bock und Daniel Schönpflug (Hrsg.): *Friedrich Meinecke in seiner Zeit. Studien zu Leben und Werk.* Stuttgart 2006. S. 177–192.

Wippermann, Wolfgang: *Agenten des Bösen. Verschwörungstheorien von Luther bis heute.* Berlin 2007.

Wippermann, Wolfgang: *Die Deutschen und der Osten. Feindbild und Traumland.* Darmstadt 2007.